Über dieses Buch »Poesie ist einer der brauchbarsten Namen für unsere Unruhe, für die Suche nach unserem Leben. Sie hört nicht auf zu fragen; hält etwas offen; ermöglicht Erkenntnis, die auf keine andere Weise zu gewinnen ist. Sie ist Nahrung; das Dach überm Kopf; der Weg, der entsteht, indem man ihn geht. Sie ist Atem, Handlung, Erneuerung. Sie hilft uns, den heillosen Zustand der Welt ins Bewußtsein zu bringen; Wachheit und Phantasie zu stärken; der Tyrannei der Phrase, der Routine, der Besinnungslosigkeit, den Maskeraden und Erstarrungen zu widerstehen. Sie läßt uns begreifen, daß wir nie begriffsstutzig genug sind; daß die Dinge gesehen sein wollen, als sähen wir sie zum erstenmal.« – »Poesie ohne Aufwand« schreibt Walter Helmut Fritz nach eigener Aussage. Ihn interessieren die scheinbar unmerklichen Veränderungen, die überall spürbar sind, die – nicht verwirklichten – Möglichkeiten des Lebens, seine Unwägbarkeiten, seine Zwischentöne.
Für die vorliegende Ausgabe stellte Walter Helmut Fritz eine Auswahl aus seinem lyrischen Werk zusammen sowie einige in Buchform noch nicht veröffentlichte neue Texte.

Walter Helmut Fritz wurde 1929 in Karlsruhe geboren. Studium an der Universität Heidelberg. Sein erster Gedichtband (›Achtsam sein‹) erschien 1956, es folgten Essays, Romane und bisher zehn Lyrikbände, zuletzt ›Immer einfacher, immer schwieriger‹ (1987). 1963 war er Stipendiat der Villa Massimo-Stiftung in Rom. Er erhielt mehrere Literaturpreise.
Walter Helmut Fritz lebt heute in Karlsruhe und ist unter anderem Mitglied der Akademie für Sprache und Dichtung in Darmstadt.

Walter Helmut Fritz

Mit einer Feder aus den Flügeln des Ikarus

Ausgewählte Gedichte
und Prosagedichte

Mit einem Nachwort
von Harald Hartung

Fischer
Taschenbuch
Verlag

Originalausgabe
Veröffentlicht im Fischer Taschenbuch Verlag GmbH,
Frankfurt am Main, Mai 1989

Umschlaggestaltung: Buchholz / Hinsch / Hensinger
Gesamtherstellung: Clausen & Bosse, Leck
Printed in Germany
ISBN 3-596-29266-2

Inhalt

* Erstveröffentlichung in Buchform

Mit einer Feder
aus den Flügeln des Ikarus

Die Erde auf einem Photo

Da ist die Erde,
zum erstenmal,
da ein Sturmwirbel,
da ein Wolkenband,
leicht zu erkennen,
das vermutlich dem Lauf
der Anden folgt.

Da ist die Erde, die
birgt und verbirgt Leben,
von Svevo eine Krankheit
der Materie genannt.

Da ist Abenddämmerung,
da ist es hell —

durch geborgtes Licht,
von weither,
Licht in Scharen.

In Karlsruhe

Tägliche Stadt, Fortgang, Vibration
mit vertrauten Wegen, Plätzen, Häusern,
die horchen, sich zu einem kurzen
Umzug zusammentun, früh die Augen zumachen.

Hier auf einem Sand- und Kiesrücken
der Oberrheinebene, wenig tellurischer Druck,
zwischen Daxlanden und Durlach,
der Hardtwald ist in der Nähe, das Albtal.

An diesem Ort gerecht zu leben versuchen,
älter werdend in der Schwerkraft,
in Zimmern mit umhergehenden Stunden,
Arbeit, Liebe, Wörtern, Gegenwart.

Die Zuverlässigkeit der Unruhe

Nicht einwilligen.
Damit uns eine Hoffnung bleibt.

Mit den Dämonen
rechnen.

Die Ausdauer bitten,
sie möge mit uns leben.

Die Zuverlässigkeit der Unruhe
nicht vergessen.

Morandi

Die Stille nimmt
den Umriß einer Schale an,
einer Flasche, einer Kanne

eines Zwischenraums,
der einen Gegenstand
vom anderen trennt

eines Schattens
als Echo des Lichts

oder einiger Worte:
ich habe das Glück gehabt,
ein ereignisloses Leben zu führen.

Es sterben nur die andern

Der Bus fährt
fast im Schritt
auf der steinigen Straße.

Einmal hält er an,
und der Fahrer
unterhält sich mit einem Hirten.

Wenig später mit einer Frau,
deren Mann gestorben ist
und die ihm einen Brief
ins Dorf mitgibt.

Er ist jung.
Es sterben nur die andern.

Die alte Frau

Sie ist fast stumm geworden
und liebt, was fast stumm ist

das Schilfbündel,
das sie heimträgt

das Schaf,
das ihr folgt

den Weg,
den sie täglich geht

liebt all das so sehr,
als hätte sie es früher
kaum wahrgenommen.

Fenster

Finsternis draußen,
dann Helligkeit.

Ein holpriger Weg,
der zum See führt.

Das Wasser steht da
als Körper.

Weite, die sich plötzlich
mit Vögeln bewölkt.

Durch Sätze
sehn wir hinaus.

Atlantis

Ein Land,
das es nie gab.

Aber es fällt
den Gedanken schwer,
es zu verlassen.

Helle Wege sind entstanden,
die zum Horizont führen.

Keine Müdigkeit.

Man muß die Dinge
nicht nur so sehen,
als seien sie schon gewesen.

Im Hafen
liegen die Schiffe,
die bei jeder Ausfahrt
das Meer hervorbringen.

Also fragen wir beständig

Also fragen wir beständig
Bis man uns mit einer Handvoll
Erde endlich stopft die Mäuler —
Aber ist das eine Antwort?

Als Heinrich Heine das schrieb

als er mit letzten Amüsements
dem Verhängnis zuvorzukommen suchte

bei Gesprächen
das gelähmte Augenlid mit dem Finger hob

mit dem Opernglas
die Menschen auf der Straße beobachtete

da schleppte er sich
hinter sich selbst her

erfuhr er Last und Überlast

hatte er verstanden,
daß man immer zu spät sieht,
wann etwas aufzuhören beginnt

stellte er sich die Frage,
ob alles unabänderlich sei

ach diese Vogelscheuche Vergänglichkeit.

Der indianische Freund sagt

Wir machen keinen Wettbewerb.
Wenn einer leidet,
leiden die andern.
Wir sind gastfreundlich
und halten Wort.
Die Geister der Toten
sind uns vertraut.
Den Nutzen achten wir nicht.
Wenn wir ein Fest feiern,
sind alle dabei,
auch Kräuter, Mais und Kürbis,
der über Kiesel
springende Bach,
Antilope, Schlange und Büffel,
das Feuer und die Schatten,
die es erzeugt,
Wolke und Berg,
der Morgenwind, der sich
hinter den Ulmen erhebt,
das Grün, Gelb und Rot
des Regenbogens.
Sie alle sind unsere Geschwister.

Blind

Ich denke an diesen
durch seine Wechselschicht-
und Nachtarbeit,
durch immer zu kurzen Schlaf
erschöpften Mann,
der seine Frau verlor
und nun sein Leben
mit einer Deutlichkeit sieht,
die ihn blind macht
für alles, was ihn umgibt.

Die Zigeuner sind wieder da

Mit schönen Pferden,
mit Hunden, Katzen und Hühnern,
mit ihren bunten Wagen
kamen sie in die Gegend,
ließen sich nieder
drüben am Wald,
aßen sie, was sie
erlebt hatten, wie Brot,
flochten Körbe
und flickten Kessel,
warfen Bälle
nach ihrer Jugend.
Die Zigeuner sind wieder da,
riefen die Kinder.
Aber das Gericht
wies sie aus.
In der Morgendämmerung
nahmen sie ihre Einsamkeit
und zogen weiter.

Zu einem Fluß werden

Zwischen den Lichtern,
die die Dämmerung zusammenträgt,
oder über Nacht
zu einem Fluß werden.
Nicht mehr fahrig
oder unentschieden
oder wetterwendisch
seinen Traum verletzen.
Das Meer finden.

Heillos

I

Eine Tochter verläßt sie,
die andere ertränkt sich.
Ihr Mann stirbt
bei einem Unfall.
Sie arbeitet als Putzfrau,
wird krank,
verliert ihre Wohnung,
schläft in Kellern, Baracken,
im Freien.
Sie braucht Hilfe,
soll ihre Bitte
schriftlich begründen
auf Formularen,
die sie kaum versteht,
muß warten auf Überprüfung
und die Bestätigung
von Behörden.
Unbequeme Bittstellerin,
für die zuerst
keiner zuständig sein will.
Der Beamte, mit dem sie spricht,
fertigt sie ab
mit dem Blick auf die Uhr.

II

Im Rollstuhl,
die Beine gelähmt
seit dem Sprung ins Wasser,
dem Aufschlag
am Grund des Beckens,
geschieden von seiner Frau,
die sich außerstand erklärte,
die Pflege zu übernehmen,
stundenweis zusammen
mit Nachbarn und Freunden,
seit Jahren auf der Suche
nach einer Stelle,
verbittert,
hat er kaum noch Ähnlichkeit
mit sich selbst,
vergißt er nicht den Augenblick,
der alles verändert hat.
Mit Gespenstern umzugehen,
mit Toten zusammenzuarbeiten,
hat er noch nicht gelernt.

Sehnsucht

Je mehr wir verstehen,
daß nichts so leicht
zu machen ist
wie ein Fehler,
je mehr uns
die Frage umtreibt
ob, warum schon die Zeit
Schuld bringt,
je zahlreicher
die Verhöhnungen werden,
die Schreckensnachrichten,
die Schatten der Gefolterten
und Getöteten —
um so mehr wächst
die Sehnsucht danach,
daß wir füreinander endlich
bessere Auslegungen sind,
daß nicht so viel
weiter verstellt ist,
daß wir mehr vom Leben
vor dem Tod spüren,
daß der Augenblick sich erwärmt,
wenn wir zusammen reden,
gleich jetzt,
an einem solchen Tag,
der als Schnee kommt.

Nahrung

Damit wir nicht nur
Gichtfinger hinterlassen
und eisige Sätze,
in denen nicht einmal mehr
Enttäuschung ist

damit die Worte
zu Orangen werden,
zu Fisch, zu Reis,
so daß wir Nahrung haben
für unterwegs

wollen wir nicht verkommen lassen,
was wir geträumt haben,
sondern es mitnehmen
in Tüchern, in Taschen,
auf Wagen.

Heute noch

Heute noch ist das Haus
ein Haus.

Heute noch berührt ein Körper
den andern.

Heute noch können wir leben
in Gesellschaft des Winds.

Heute noch nehmen wir einen Zug
in die nächste Stadt.

Heute noch brauchen wir uns
als Zeugen.

Heute noch wandern im Fluß
die Kiesel und sprechen.

Heute noch denken wir: Schwalbe,
und schon beginnt sie zu fliegen.

Heute noch kaufen wir eine neue Brille
zum Lesen.

Heute noch sind wir hungrig
nach Glück.

Heute noch ist die Tür
eine Tür.

Ein Nachbar

Aus meinem Leben, sagt er,
kann man nur lernen,
wie man es nicht machen soll.
Geglückt sei ihm nichts, nur
übers Ohr gehauen habe man ihn.

Vertraut mit Wetterkunst,
im Umhang des diesigen Tags,
ist er unterwegs mit seinem Enkel,
der wissen will, wo die Musik ist,
wenn man nicht spielt.

Ackerland, das er geerbt hatte,
verkaufte er wegen Schulden
für einen Klacks an den Landrat,
der es einige Jahre später
für das Zwanzigfache weiterverkaufte.

Heimtücke, Verrat, Gewalt,
die ständig geschehen,
ausgeübt von Menschen an Menschen,
kennt er so lang schon,
wie er das Sterben aushält.

Robert Minder

Jung und alt,
das Gesicht rheinaufwärts,
rheinabwärts.

»Ich blieb immer zwanzig,
welche Anmaßung.«

Er will gehen,
gehen.

»Die Ein-Bildung,
dieser Leib.«

Die Gegend der Zuversicht
noch immer erreichbar.
Er wird ans Meer fahren.

»Den Verstand verlieren
und zu Sinnen kommen.«

Am Bahnhof.
Die Augen sind Muscheln.

»Das Leben zurückgeben.
Mich zu beklagen,
habe ich keinen Grund.«

Er nimmt Platz
in seinem Abteil.

Schlafwandler

Auf der Suche nach etwas,
bei dem es nichts
zu bedauern gäbe

sind Menschen Schlafwandler,
die warten
auf die nächste Berührung

in diesem Jetzt,
das ohne Unterbrechung
ankommt

sich als Dämmerung
durch die Stadt bewegt
und die Träume sammelt.

Mit fünfzig

Wie sonst legen die Wolken
ihre Schatten aus
und die Dunkelheit
fängt wie sonst im Wald an.
Aber die Gesichter erzählen
nun ausführlicher.
Wer hat sich nicht getäuscht?
Warum machen wir
immer die gleichen Fehler?
Plötzlich gibt es Jahre,
in denen die Zahl
der bekannten Sätze überhand nimmt,
der Kalender sich beschleunigt,
das meiste mehr oder weniger schiefgeht,
rutscht, fällt.

Und doch wollen wir
eine gemeinsame Erwartung
nicht aus den Augen verlieren.
Morgens oder beim Gehen
rufen wir ihr das erste Wort zu,
berühren sie, indem wir uns nähern,
mit den Augen, ihre Farben und Umrisse,
ihre Festigkeit,
berichten auch den Steinen am Wegrand
von ihr, dem Luftdruck, den Entfernungen.
Sie verstehen alles.

Um nicht unterzugehen

Die Erde, sie arbeitet
unablässig, kommt unablässig
vom Fleck, dreht sich
um die eigene Achse
und um die Sonne,
spielt wie die andern Planeten,
einander ermahnend zur Eile,
nicht nur folgend
alter Gewohnheit.
Es arbeitet das Sonnensystem,
in der Milchstraße wandernd.
Auch diese macht keine Ferien,
arbeitet, arbeitet, bewegt sich
auf etwas zu,
um nicht unterzugehen.

Niemand

Niemand hat die Geschichte
des Wartens geschrieben.
Vielleicht ist niemand
arglos genug,
sie zu beginnen.
Sie wäre länger als
alle andern Geschichten.
Wahrscheinlich käme er
an kein Ende.

Die Verlierer

Nicht die Sieger
mit ihrer Gleichgültigkeit
werden uns helfen

sondern die Verlierer
mit ihrer Enttäuschung,
ihrer Unruhe und Sehnsucht

die wund sind
von einem geborstenen Leben

die jetzt ihr Gesicht
in den Händen vergraben,
weil es ihnen schwarz wird
vor den Augen

die nachher
von einem Ort
zum anderen laufen
auf der Suche
nach denen,
die verstanden haben.

Der Mann aus China

Weite Nasenflügel. Schneller Gang. Ruhiges, ernstes Wesen.
Jetzt ißt er.
Jetzt steht er auf vor einer Frau in Trauerkleidung.
Jetzt vor einem Blinden.
Wir bemerken eine gewisse Steifheit an ihm.
Wasser und Felsen gelte es nachzuahmen, sagt er.
Die Wüste nennt er das wirkliche Museum.
Die Alten sparten ihre Worte, meint er zum Schluß;
denn sie schämten sich, mit ihrem Betragen hinter
ihren Worten zurückzubleiben.

Hier reimen sich der Augenblick und die Sehnsucht

I

Sommer der Tasse, des Tellers,
der Schuhe, des Kleids

des Brunnens, des Turms,
des blühenden Oleanders

der Korkeichen, der Reben,
der weißen Häuser und Schnecken

der Inseln, eines Zirkus,
des Schusters in seiner Werkstatt

der Stiche und Bücher, der Geschichte
der Leuchtkraft von Sternen

und Renoirs, des alten Souffleurs,
der die Geister in seinem Garten

kommen und gehen sieht
und ihren Gesprächen genau folgt.

II

Hier können die Gedanken
wie Katzen miteinander spielen,
sagst du, hier können sie

wenn der Himmel
seinen Schlaf abgeschüttelt hat,
Sprossen hinaufklettern

die nirgends enden,
hier reimen sich der Augenblick
und die Sehnsucht.

III

Unter diesem stützenden Licht

wird aus einem Stein

und dem Schatten einer Pinie

wenn wir es
für möglich halten

ein Haus.

IV

Mit welcher Geduld
beschreibt die Sonne
Tag für Tag, was sie tut,
was sie wärmt,
die rote Brust des Gebirgs
und den See davor,
in dem die Fische
auf Wohnungssuche sind.

V

Schlafen heißt schwimmen,
heißt reiten

bis zur Brücke

bis zum Leuchtturm

bis zum Geburtshaus
des Winds

des Lehrmeisters
wievieler Träume.

Der Pantomime

Die Treppe aus Luft
geht er hinab, weiß geschminkt,
öffnet die Tür, die es nicht gibt,
während der Abend sinkt.

Nicht vorhanden die Straße,
von Laternen gesäumt,
doch er winkt jemandem zu,
den er erträumt.

Die Rübenputzerin

Sie zögert, läßt die Hände ruhn,
indem Chardin sie malt,
indem er darauf wartet,
daß das Rot, das Blau, das Weiß
sich schenken,
ihm, und uns,
er malt so lange,
bis die Farben denken.

Alte Wörter

Austernhaftes Leben,
da der Abend naht.

Offenbares Rätsel,
offenbarer Rat.

Alte Wörter,
unverstanden und scheu.

Auf ihrer Rückseite
wird alles neu.

Eulenspiegel

Possenreißer, Schalk,
schnapsglänzende Augen,
unermüdliches Triebwerk, Narr,
der fragt, ob die Eulen taugen

die er Tag für Tag formt aus Teig;
vor sich auf der Flucht
in und um Braunschweig,
und mit einer gründlichen Sucht

nach der Welt, nach Flandern
etwa, wo die Freiheit anfängt,
wo sein Gesicht ein Netz werden könnte,
in den Meerwind gehängt.

Aber dann?

Das Gedicht steht
in dem Buch?
Schlag auf, lies.
Gut, es hält
einen Augenblick still.
Aber dann?
Siehst du nicht,
wie es sich rührt,
die Seite verläßt,
schwebt, fliegt
und allmählich
unsichtbar wird,
ehe es sich
in dir niederläßt?

Was die Wohnung erfindet

Wenn die Wohnung verlassen ist,
hält sie das nicht lange aus.
Sie erfindet deshalb einen Mann,
der darin untertaucht

oder eine Frau, die einem
Zeitvertreib nachgeht,
sich etwas vorspiegelt,
was sie nicht mehr glaubt

oder einen Mann und eine Frau
mit ihrem Begehren,
die außer sich geraten
und sich beruhigen in einem

oder einen Mann und eine Frau
und ein Kind, das Angst hat
vor dem Donner, weil es ihn
für seinen Vater hält.

Nicht nur bei Goya

Irre, Gespenster
huschen vorbei
in einem Inferno
von Giftmischerei.

Vernunft mit Wahnsinn
vermischt, Doppelnatur
des Menschen, unruhig,
flackernd seine Figur.

Marternde, Opfer,
Schreckenswelt, riesengroß.
Schließen wir nicht die Augen,
bleiben wir fassungslos.

Damit unsere Worte nicht erblinden

Daß Karlsruhe für ein Jahr
ein Schiff ist

Flammen zu einem Abenteuer
des Stoffs werden

Homer unter seiner Unsterblichkeit
zu stöhnen beginnt

der Tod zutraulich
von seinen Launen erzählt

Eisenkraut verschwenderisch
auch unterirdisch blüht

der Mensch ohne Umschweife
zu einem Musikinstrument wird

das alles muß möglich sein,
damit unsere Besserwisserei aufhört

damit unsere Worte
nicht erblinden.

Sie alle lesen

Der Abend, der sich
auf unsere Gesichter legt

der Frieden der Wolken
und der rund geschliffene Kiesel

die ersten Blüten,
wenn der Schnee vorbei ist

die Kinder,
die nach Hause zurückkehren
vom Blinde-Kuh-Spiel

der Mann und die Frau,
deren Liebe die Jahre zusammenhält

Hiob, mit dem wir alle
verwandt sind

die Erinnerungen,
die hinter uns leuchten

die Zeit, die uns
von ihrer Residenz aus betrachtet —

sie alle lesen,
lesen sich gegenseitig

lesen während sie wachen,
lesen noch unabgelenkter
in ihrem Schlaf.

Unlösbar

Wie einfach,
auf etwas zu hoffen.

Wie einfach,
etwas zu fürchten.

Was aber tun,
wenn man fürchtet,
was man erhofft?

Aufforderung

Bei meinem ersten Aufenthalt
in der Wüste
kamen Gärten
mit Blütenmeeren,
Regengüssen,
Geheimnissen der Vegetation zu mir.

Nichts konnte ihnen antworten.

Hole was du brauchst
aus der Luft, hörte ich,
ergreife den Augenblick im Flug.

In den Nerven begann das Licht.

Das ist seine Art

HIER RUHEN KALTE KNOCHEN
VERLASSEN VON DER ZEIT
steht auf dem Grabstein.
Bekommt das Licht,
das ihn umgibt,
für einen Augenblick
Schultern und Hände?
Alles hört auf,
sich zu bewegen,
das ist seine Art,
und das Wort
weicht aus dem Körper.

Begegnung

Er ist wortkarg, etwas verdrossen.
Unter Tieren und Pflanzen zu sein,
will er nicht mehr versäumen.
Nicht nur wir nehmen sie wahr,
sagt er, auch sie beobachten uns.
Es wird keinen Frieden geben,
wenn wir das nicht verstehen.
Er schweigt, macht sich fertig zum Gehen,
da erkenne ich ihn, Anaximander.

Zum Kuckuck

I

Mit seinem Mittagslicht
und seinen Spiegelungen

mit einem Haubentaucher,
der sein Bild darin findet

mit dem, was noch nicht geschehen,
aber schon anwesend ist

mit seinem Ufer
der See, der uns bemerkt hat —

unser Auge, das ihn aufnimmt,
welch eine Werkstatt.

II

Du erwähnst, daß du als Kind
Kastanienverkäuferin sein wolltest
in einem Wagen
auf dem Marktplatz.

Auch ein paar Stunden
hier zu sitzen mit Fragen,
mit Nähe und Wein
ist nicht ungeschehen zu machen

ist zum Bestandteil geworden
wer weiß wovon.
Was steht in dem Buch?
Glücklich zu sein

sei nicht mehr statthaft?
Wir kennen uns seit Jahren,
seit gestern,
gleichviel, zum Kuckuck

laß uns ohne Zögern
den Meteor einladen,
der, unbemerkt fast,
in der Tür erscheint.

III

Nach der Fahrt durch Täler
(Segelschiffe am Himmel), zu Anhöhen
mit Farn, Blaubeeren, Fingerhut,
erscheinendem Leben überall

sehe ich, einen Augenblick denkend
an die Wege des Geistes im Körper,
als wir einander zugewandt sind
im Zimmer des Gasthofs

— jetzt nicht verletzbar —
wie dein Gesicht sich öffnet
und dich rasch erfaßt
dieses Zittern, reifende Frucht.

IV

Freundin der Blumen,
der Kräuter, der Artischocken
mit ihrem violetten Schimmer,
ihrem Perlmutt-Glanz

der Auberginen, Zucchini,
der Paprika, rot und grün —
um sichtbar zu werden,
sucht dich der Tag

fließt in dir, wenn du
aufstehst, die Katze fütterst,
der Nachbarin zuwinkst
oder eine Ratatouille vorbereitest.

V

Die nächtlichen,
verschneiten Straßen,
durch die wir gehen

— die alten fünf Arme der Ill,
miteinander in Fühlung,
nicht weit —

werden zum Muster
eines Traums,
der unaufhörlich

etwas mitteilt,
in dem unaufhörlich
neue Gesichter sich bilden

jetzt das Gesicht
deines Gangs,
der mit sich übereinstimmt

ehe wir inmitten der anderen,
deren Herzschlag man überall hört,
unter einem der Dächer

die Augen schließen,
hinter denen sich
weitere Augen öffnen

hinter denen sich
— es ist so —
weitere Augen öffnen

und immer so fort.

VI

Was wir auch früher waren
— Kiesel, Flechten, Planeten —
jetzt sind wir eine Frau
und ein Mann, unterwegs
in Saarbrücken
oder im Trierer Museum,
in dem als Relief
aus römischer Zeit
ein Paar im Einspänner
über Land fährt.

VII

Ein Fest, dich wiederzusehen.
Zum Greifen fern ist das Tal,
durch das wir gehen
mit seinem Mohn,
reifenden Kirschen, dem Wind,
der zu einem Vogelschwarm wird.
Herzschlag folgt Herzschlag
selbst im stofflosen
Kern des Tags.
Ein Fest, dich wiederzusehen
und nachher ein Teil zu werden
der Dunkelheit, wahrzunehmen,
welche Lektion sie uns gibt.

VIII

Dein Mund innen —
Geflüster, Schauer, Jahre,
die darin eingefleischt sind.
Darin schwimmen
mit offenen Augen.
Ruf, der aus dem Morgen
kommt, aus dem Abend.
Reise, schöner als die
zum Amazonas.
Äußerste Schwäche,
nicht unterscheidbar
von Unverletzlichkeit.
Magma.
Aber auch Flug.

IX

Beim Erwachen merkte ich,
daß die Regnitz,
die wir mehrmals überquerten,
durch das Zimmer floß
und dein Spiegelbild mitbrachte.

Die Dichte beweglicher Körper

I

Ehe man mit dem Ton
arbeitet, sagt der Töpfer,
läßt man ihn wintern,
weil er danach

bildsamer ist.
Er schaut uns an,
inmitten von Schalen,
Krügen, einem Sims

einem Wandbrunnen.
Ist sein Gesicht kindlich
oder das Licht,
das ihn blinzeln läßt?

II

Sonst ist sie schweigsam,
wächsern, sitzt im Bistro
oder nimmt als liebste Droge
die Einsamkeit.

Heute spricht sie heftig,
abtrünnig fast ihrem Wesen,
in ihrer Leidenschaft schön,
als habe sie sich eben entdeckt.

Arglistig sind wir, sagt sie,
rachsüchtig und fanatisch,
verletzen ohne Bedenken,
was mit uns lebt, selbst den Wind

der die Sterne blank macht,
wir wähnen zu oft uns im Recht,
ohne zu merken, daß wir dann
oft schon verspielt haben.

III

Aus wievielen Sorten Wasser
bestehen die Menschen,
fragte der Freund aus Puerto Rico.
Seit Jahren im Land

Manhattan, 98. Straße,
spürt er dennoch Nähe
zu seiner Heimat.
Er verheimlicht sich nicht

wieviel in Gefahr ist,
will aber nicht mehr
zum Sklaven werden eines Unglücks.
Meistens begeistert er sich

für das Gewöhnliche,
sagt: wie unscheinbar
ist diese Muschel, schau doch,
und meint: wie wunderbar.

IV

Sie erfindet Sterne
und sieht sie fallen.

Ihre Wahrheit von heute,
meint sie, werde morgen
zur Lüge.

Mit Liebkosungen
will sie die Toten
wieder erwecken.

Manchmal sitzt sie
in ihrem Buch
wie eine Blattlaus.

V

Steigt ein, Sidney und Stella,
Christina, Olga, Elisabeth,
Stuart, David, Joe und Anita,
steigt ein in das kleine Boot

aus Worten, das einen Augenblick
noch einmal gleitet durch diesen
Winter und Frühling in Oberlin,
Ohio, tischebene Landschaft

südlich der großen Seen.
Steigt ein und laßt uns noch einmal
denken an unsere Erzählungen,
Schnee, Liebe, die Blüte des Dogwood

an Nachmittage unter Studenten,
an Cleveland, Milan und Huron.
Steigt ein mit eurem Wunsch zu reisen
zu den Gesteinen der Appalachen

den Mammut-Bäumen in Kalifornien
und eurer Sehnsucht danach,
es möge nicht länger
so vieles verstellt sein.

VI

Der Fluß mit seinem hellen,
grauen, strömenden Gedächtnis
wird zusehends kleiner
im Hintergrund des Bilds.

Kleiner werden die Häuser,
das Rapsfeld, Apfelbäume daneben,
alles nimmt ab, wird schwächer,
ist schwerer zu unterscheiden.

Wohin verschwinden die Linien,
fragte ruhig die sechsjährige
Tochter des Nachbarn,
die es heute zum erstenmal sah.

VII

Der Archivar schreibt
an der Geschichte der alten Stadt.
Er unterbricht seine Arbeit,
um zwei neugierigen Fremden
das Falkenbuch des Kaisers zu zeigen.
Als sie davongehen
auf das Wetterleuchten zu,
sieht er ihnen nach
und fragt sich,
was überraschender ist
als die Dichte
beweglicher Körper.

Noch bleibt fast alles zu tun

Komm näher, Frieden, komm,
es darf nicht weitergehen
wie bisher, hinterhältig
halten sie dich von uns fern.

Komm näher, Frieden, komm.
Die toten Flüsse wollen dem Licht
wieder antworten mit ihrer Klarheit,
Delphine und Seehunde ohne Furcht atmen.

Komm näher, Frieden, komm,
damit wir die Rüstungen ablegen können
und ein Ende haben Erstarrung,
Elend, Unterdrückung, Gewalt.

Komm näher, Frieden, komm
mit Manna für alle, die hungern,
und Wärme für unsere Worte,
die zu Eis wurden.

Komm näher, Frieden, komm,
damit uns die Kraft bleibt, uns täglich
gegen die Mutlosigkeit zu entscheiden,
die Ausdauer nicht zu verraten.

Komm näher, Frieden, komm
mit einem anderen Leben, ohne Würger.
Auch wir sind auf dem Weg,
dürfen nicht nur auf dich warten.

Komm näher, Frieden, komm,
als Sehnsucht nach dir
nehmen wir dich wahr
auf unseren Reisen durch die Bangigkeit.

Komm näher, Frieden, komm,
die Erde braucht dich für ihre
neue gerechte Gestalt.
Noch bleibt fast alles zu tun.

Im Atelier des Malers

Was immer er anfängt,
was er aus Farben, Strichen, Lücken
entwirft: es werden am Ende
Menschen auf Brücken.

Ihr Leben steht bevor,
ist dann ein Widerschein,
ein Pakt, ein Ausgleich
und Gewesensein.

Eine der ungezählten Sprachen

Die Lupinen am Wegrand
sprechen

sprechen
eine der ungezählten Sprachen
neben der unseren

sprechen
durch Weiß oder Blau,
in quirligen Trauben
stehende Blüten,
gefingerte Blätter

sprechen
deutlich.

Türen um Türen

Die Wolken sind Donnerköpfe,
sagst du, als das Konzert
in dem alten Hof beginnt,
in dem zwei Platanen

Erde und Himmel verbinden.
Dann fallen die ersten Tropfen,
Schirme blühen auf.
In der Pause, als der Regen

sich verdichtet zu Gardinen,
gehen wir in den Saal,
wo Strawinsky Türen
um Türen öffnet.

Doppelleben

Ferne Nähe
Nähe Ferne

Ewigkeit Augenblick
Augenblick Ewigkeit

Tod Leben
Leben Tod

Doppelleben
der Worte

Giuseppe Santomaso

Die Morgendämmerung und die Werft,
der Hafen mit seinen Schiffen —
sie werden geboren,
wenn er sie anschaut.

Ein für allemal
sind sie im Bild.
Auch die schwebende Zeit,
die er gemalt hat

die Wand der Eidechsen
und die der Erinnerung,
an Palladio die Briefe.
Auch in ihnen

wird das Schweigen,
Angst und Vertrauen,
wird die Ausdauer eines Lebens
in Farben lesbar.

Echo

Wo bist du,
schöner Augenblick,
zu rasch vergangen,
wo bist du?

Kehrst du nicht wieder,
schöner Augenblick,
so klar geblieben,
kehrst du nicht wieder?

Ist er nicht aufgehoben,
der schöne Augenblick,
vergangen, klar,
ist er nicht aufgehoben?

Kein Widerspruch

Wir reisen von einem
Ende der Welt zum andern,
sehen das kritische Licht
einer afrikanischen Wüste

oder die nördlichen Nächte,
in denen die Sonne
fast immer auf Urlaub ist,
den Indischen Ozean

der die vorüberfahrenden Schiffe
mit großer Ruhe betrachtet,
oder die Bibliothek von Babel
in Buenos Aires

und leben dabei in Baden
oder in Hamburg,
in Straßen, mit Nachbarn,
die uns seit langem vertraut sind.

Aber erst jetzt

Als wir vorbeikamen,
ruhten die Schafe
im Schatten der Mauer.

Bei der Rückkehr,
eine halbe Stunde danach,
waren sie weg.

Aber erst jetzt
sahen wir sie.

Spiegelung

Die Mutter, die Rettung erbittet
für ihren Sohn

der endlich Geheilte,
der seine Krücke weggibt —

sardische Bronzen,
fast ein Getümmel.

Dein Gesicht,
das sich über sie beugt

das auftaucht
im Glas der Vitrine

die die Spiegelung weiterträgt
in diese Worte.

Wo die Straße beginnt und mündet

Die Straße beginnt in Cagliari
und mündet in uns.

Nachbilder überall.

Sie bleiben nichts schuldig,
wenn man sie anschaut.

Die Glut,
die die Fensterläden schließt.

Meersüchtig die Körper.

Auf dem Haus der Schnecke
die Zeichnung:
verwandelte Melodie.

Altes Volk der Nuraghen.

Der Stalagmit,
der zu sprechen beginnt
von Millionen von Jahren,
in denen er wuchs,
weil der Wassertropfen
auf immer dieselbe Stelle fiel.

Der Wind,
der den Felsen
seine Mitteilungen macht.

Der Mittag fragt:
warum unterscheiden sich
Wurzel und Krone,
Feder und Schnabel,
warum hat alles eine eigene Form?

Denk an ein Boot

Denk an ein Boot,
um hinüberzukommen
ans andere Ufer

denk an die Ruder,
die sich bewegen
in ihren Angeln

denk an die Fahrt,
an den Wind
der Verwandlung

denk an das Boot,
bis es vor dir liegt
und dich erwartet.

Er begann eine Rede an seine Bücher

Ich sollte, wollte etwas über Benn schreiben. Fand keinen Anfang. Ging herum. Nach einigen Tagen träumte ich von ihm. Er begann eine Rede an seine Bücher, sprach von summenden Rätseln. Die Sprache nannte er das Licht der Dinge. Man merkte, daß er gewohnt war zu schweigen. Er schob seinen Tisch näher zum Fenster und begann wieder zu arbeiten. Nachher sagte er noch: Diese Angst, wenn sich die Starrheit löst.

Was ist es anderes

Was ist es anderes, was
— durch die Triebkraft des Herzens —
sich in uns bildet
und sichtbar wird,
in der Aorta,
in Arterien, Kapillaren und Venen
kreist und sich mitteilt,
als eine Schrift.

Werkzeuge der Freiheit

Bewegliche Lettern, Nachbildungen zuerst
der von Schreibern verwendeten Zeichen

Stempel aus Stahl, eingeschlagen
in Kupfer: Matrizen

Metall, flüssig, Legierung aus Blei,
Zinn, Antimon, Wismut

der Setzkasten, zweihundertneunzig
Buchstaben-Formen

Papier, Pergament,
Druckfarbe aus Firnisöl und aus Ruß

die Presse aus Holz,
einer alten Weinpresse ähnelnd

die frischen Bogen
zum Trocknen an einer Schnur

die Bücher,
die Bibliotheken —

Werkzeuge der Freiheit

der Unfreiheit?

Cornelias Traum

Cornelia
die mir ihren Traum
im Traum erzählte

Paris. Wir standen auf dem Balkon, waren an das Gitter gefesselt. Überall, neben uns, über uns, unter uns, auf den Balkonen der Häuser der anderen Straßenseite standen Menschen, ebenfalls gefesselt, sahen drunten den langen Trauerzug.

Trommelwirbel.

Wir wußten, daß in dem Sarg die Literatur zu Grab getragen werden sollte; daß die, die ihm folgten, daran glaubten; daß er in Wirklichkeit leer war. Wir wußten es, konnten uns aber nicht aus unseren Fesseln befreien.

Nimm einen Drachen

Nimm einen Drachen (wie die Kinder gestern auf den angrenzenden Feldern), und wenn du nicht zu unsicher bist, nicht zu sehr zweifelst, sondern es für möglich hältst, fliegst du einen Augenblick später mit ihm davon durch den hellen Herbsthimmel. Das wäre das, was du jetzt nötig hast. Du findest sonst keinen grünen Zweig. Es geht, ich weiß es. Komm mir nicht damit, daß du sagst, es sei Lüge.

Der Winzer

Der Winzer, auf die kleinen Öfen deutend, die zwischen den Rebstöcken stehen: in kühlen Frühlingswochen tun sie uns gute Dienste. Hier, südlich von Reims, beträgt die durchschnittliche Jahrestemperatur nicht mehr als elf Grad. Darunter reifen die Trauben nicht mehr. Wir halten die Reben niedrig, der Schnitt ist kurz, so werden weder Wärme noch Saft verschwendet. Gerade die Grenzbedingungen geben den Trauben, zusammen mit dem Untergrund von Kreide, ihre besten Eigenschaften.

Er spricht von Gefahren: Krankheit, Frost oder Gewitter. Und davon, daß er für die Reben oft Angst davor hat.

Er unterbricht sich. Die größten Erzähler sind seine Augen.

Zuweilen, meint er zum Schluß, fühle ich auf meiner Schulter etwas wie eine Hand, den Schatten eines Vorfahren. Ich weiß dann, was in den Trauben ans Licht kommt: die Sehnsucht der Toten.

Einen anderen Weg

Manchmal sehen wir im Traum jemanden, der uns sehr ähnlich ist, in dem wir uns wiedererkennen. Wir täuschen uns nicht: er hat unser Gesicht, unseren Blick, unsere Haltung, unsere Art, sich zu bewegen. Alles ein wenig anders, wie verschoben oder durch einen versuchsweise daneben gesetzten, beinahe parallelen Strich erweitert, aber eben nur eine Spur, nicht so viel, daß die Ähnlichkeit dadurch in Frage gestellt wäre. Doch wir verstehen, daß er weit fort von uns einen *anderen* Weg geht.

Tänzerin

Jetzt ist sie zwanzig Jahre bei diesem Ballett, hat nie eine besondere Chance gehabt, vergleicht ihren Weg mit dem von Kolleginnen, die mehr erreichten als sie. Doch man darf nicht vergleichen, sagt sie, sonst hat man überhaupt keine Kraft mehr. Zwanzig Jahre in dieser Stadt, an diesem Theater. Überall Enge. Aber das Leben ist ein Gang über Treibsand. Bleibt man einen Augenblick stehen, um Atem zu holen oder sich umzusehen, sinkt man ein und ist verloren.

Keinen Laut

Vorhin noch konnte man aus den blauen Fetzen des Himmels eine Seemannshose zusammennähen. Man hörte den Ruf einer Amsel. Eine halbe Stunde später blitzte und donnerte es. Das Krachen schlug sich in alle Himmelsrichtungen. Eine Exaltation. Die Geräusche des Regens nahmen Besitz von der Stadt. Dann am Radio Luigi Nonos Stimme: leise Musik, ein atmendes Klarsein, höre man deutlicher als das Fortissimo, sie sei nie auszuhorchen.

Jetzt erwähnst du, daß es im luftleeren Raum keinen Laut gibt.

Nachtwache

Nachtwache hat die Schwester auf der Intensivstation, wo ihr die Frühgeborenen anvertraut sind: kaum lebensfähig in Inkubatoren — als Leuchtschrift Herzschläge —, achthundert, neunhundert Gramm. Nachtwache haben der Feuerwehrmann und der Portier im Hotel, die Nachtvögel mit ihren großen Augen. Nachtwache haben die Gestalten unserer Gedanken, die wir — in einiger Entfernung — während unserer Schlaflosigkeit in den kühler werdenden Stunden plötzlich als Umrisse wahrnehmen.

Schatten

Man sieht die Frau im Zwielicht, fern und fremd, als Rückenfigur, die gerade entsteht. Inmitten von Schatten ein etwas dunklerer Schatten, mit ihnen verwoben, in dieser Stille. Sie ist aufmerksam auf das Schweben von Asche, in das sie hineinblickt, auf den Schimmer von Licht, der wer weiß woher kommt. Man wartet. Vielleicht wird sie sich langsam zur Seite wenden, es ergäbe sich dann eine Andeutung ihres Profils. Vielleicht wird sie sich umwenden, so daß ihr Gesicht ganz zu erkennen wäre. Es brauchte nur diese unauffällige Bewegung. Doch sie verharrt in ihrer Regungslosigkeit, verhüllt, nahezu aufgesogen von dem, was sie umgibt. Was man aber wahrnimmt, wenn man lange genug hinsieht, ist der Schatten Seurats, der für einen Augenblick in die Zeichnung eintritt.

Degas

Ah! Das Sehen! Das Sehen, das Sehen, rief er aus, schrieb er, als die Blickschärfe abnahm, das Augenlicht zu verlöschen begann, das Aufbegehren keinen Sinn mehr hatte, er nicht mehr zeichnen konnte, dafür mit den Fingern plastische Studien zu entwerfen anfing. Das Sehen! Erst jetzt verstand er es. Er hatte sie gesehen, die Bewegungen und Haltungen des weiblichen Körpers, die Tänzerinnen vor oder hinter den Kulissen, an der Stange oder in Schrittstellung, mit Fächer oder Bukett, im Gegen- oder im Seitenlicht, mit ausgestrecktem Arm, aufgestelltem Bein, die Hand im Nacken, das Schulterband knüpfend, den Gürtel bindend, den verstauchten Knöchel massierend, einen Strumpf richtend, in die Schuhe schlüpfend, an einem Pfeiler, auf einer Bank oder bei der Modistin. Er hatte sie gesehen, beim Baden und Waschen, am Wannenrand, die Beine, Hals und Rücken trocknend, sich kämmend oder ein Kleidungsstück überziehend. Er hatte sie gesehen, gezeichnet, gemalt in seinem stillen Atelier am Montmartre, mit großer Ausdauer, als fürchte er unaufhörlich, was er eines Tages einem Brief anvertraute: So viele Pläne hatte ich gemacht, und jetzt stehe ich ohnmächtig da. Ich habe ganz einfach den Faden verloren. Ich habe geglaubt, immer Zeit zu haben… Ich häufte alle meine Pläne in einem Schrank auf, dessen Schlüssel ich immer bei mir trug, und diesen Schlüssel habe ich verloren.

Hier sind sie

Seit Stunden die Berge mit ihrer schrundigen Kargheit und Ruhe, die Straße, die Einsamkeit, die das Sehen zum Traum macht. Die Götter? Man muß nicht fragen, wo sie sich aufgehalten haben; warum sie verschwunden sind. Man muß sie nicht suchen. *Hier* sind sie, kenntlich wie eh: das Licht, die Kühle, die Stille, die Weite, das Blau: vertraute, fremdartige, unheimliche Erscheinungen, in denen Grenze und Grenzenlosigkeit eins sind. Welche Zeugen: die Augen.

Ich begegnete ihm in Santo Stefano Belbo, wohin er zu einem kurzen Besuch aus Turin gekommen war, um sich, wie er sagte, von dem und jenem erzählen zu lassen, davon, was die Leute denken und reden. Was hat ihn — und seine Figuren — von dem Dorf damals fortgezogen? Vielleicht, meinte er, das Pfeifen des Zugs, das ihn von wunderbaren Dingen wie Bahnhöfen und Städten habe träumen lassen.

Er sprach von Brancaleone, wo er in Verbannung gelebt hatte; von seiner Neigung zu Haltlosigkeit; seinem Orientierungsverlust; seiner Leidenschaft zur Arbeit, auch wenn morgen alles zu Asche werde; davon, daß er sich oft blöd vorgekommen sei; daß das Leben so vieles zum Vorwand nehme, uns die Hände zu binden; daß er von einem bestimmten Zeitpunkt an fast nur noch Bücher wahrgenommen habe; daß er immer mehr fürs Abseitsbleiben, für die Monomanie gewesen sei; daß er sich meist jung wie ein Knoblauch gefühlt, dabei aber ein miserables Dasein geführt habe; daß er goldene Berge gezahlt hätte für einen Meuchelmörder, der ihn im Schlaf erdolchen würde.

Seitdem er tot sei, lebe er wie ein Stein, wie die harte Erde, mit dem unbewegten Lächeln des Mannes, der verstanden hat. Die steigende Kühle, die ihm die Adern aushorche, sei ein Erwachen, wie er es nie erlebt habe.

Ich erinnere mich, daß er, ehe er sich über den leeren, in der Mittagssonne liegenden Platz entfernte, die Glückseligkeit des Pfirsichs und der Weintraube erwähnte.

Wasser an der Klippe

Schau irgendeinen Satz an, den einfachsten, unscheinbarsten, alltäglichsten Satz, den nächstbesten, ganz hell, ganz durchsichtig, wie aus Versehen gesprochen oder um ein Schweigen zu überbrücken oder um etwas mitzuteilen oder vor dem Vergessen zu bewahren oder zu erzählen: schau ihn nur eine Weile an, mehr braucht es nicht – er wird, wer weiß warum, sich langsam verfärben, dunkel werden, Wasser an der Klippe, bevor es nachts in Schlaf fällt.

Aus Holz und Stoff

Du erinnerst dich an dieses Theater, in dem die Spieler aus Holz und Stoff hergestellt waren, mechanisch die Augen bewegten, Füße verdrehten, Hände fliegen ließen, völlig halluziniert, Larven, mit grellen Farben bemalt, Brandmale an Körper und Gesicht. Sie lenkten Unglück auf sich. Ist das Leben nicht so widersprüchlich, schwer, unerklärbar, daß eine einfache, leichte, wortlose Geste zu seiner Erklärung genügt, war eine Frage, die sie mit ihrem Spiel stellten.

Eine Universalgeschichte

Die Seeleute brachten Tabak mit. Eine Neuigkeit. Die Männer rauchten, rauchten, rauchten. Das hatte das Unerwartete eines Skandals. Ihre Frauen ertrugen es nicht, erklärten dem Richter, die üble Gewohnheit der Männer zwinge sie, die Familie zu verlassen und sich dem Hexensabbat hinzugeben. Sie sagten: Der Hintern des Teufels ist immer noch besser als der Mund unserer Männer. So 1610 in Bayonne. Der Ausweg? Der Geliebte, der sich dem Alkohol ergeben hat; der wilde Trostbringer, der Gatte aus Feuer und Eis, der Dämon der Spirituosen. Die Frauen sagten: Liebe ist Verzweiflung. So Michelet, der sich von Geschichte nährte, sie aufsog, in sich hineinpreßte, wie tot war, wenn er nicht arbeitete, schließlich zu der Einsicht fand, daß es die Kraft des Todes ist, die das Leben enthüllt, und daß jeder Mensch eine Universalgeschichte ist.

Helfershelfer

Tisch, Stuhl und Bett und die anderen Dinge, die wir um uns versammeln, teilen die kurze, die lange Reise durch unser Leben (oder sind es drei oder fünf oder wie viele Leben?) als aufmerksame Begleiter und Zeugen, bleiben dabei ruhig an ihrem Platz, fangen mit uns jeden Morgen von vorn an, setzen das Spiel mit uns fort, lassen uns nicht im Stich, sind mit uns verschworen, wirkliche Helfershelfer.

Die Kore

Was in ihren Augen sichtbar wird, schlüpft gleich wieder zurück. Keine Neigung zu Gewohnheiten. Schattiges Lächeln. Ironie, ein Insektenflügel. Mit einer Hand rafft sie ihr Kleid. Priesterin, Spenderin? Traum des Bildhauers? Vor ihr ist es Tag, hinter ihr Nacht. Wenn ich an sie denke, denke ich an ihre Lust, die durch nichts gezähmt ist.

Mit einem Schlitten

Wie gern möchte man mit einem Schlitten dorthin gelangen, wo nicht alle Fäden reißen; wo der Klamauk für eine Weile verstummt; wo nicht alles, Kartenhäusern gleich, zusammenstürzt; wo der Schädel weniger zusammengepreßt wird; wo die Sichtschneise sich erweitert; wo sich in den Augen wieder Fernen zeigen; wo es nicht zu spät ist, dem Klang der Nacht zuzuhören; wo von den Dingen noch etwas übrig ist, wenn man von ihnen gesprochen hat; wo die Zweiteilungen abwesend sind. Wie gerne möchte man mit einem Schlitten dorthin gelangen. Zumindest die Sätze bereiten sich darauf vor.

Teile unseres Lebens

Was da auf dem Meer treibt, hinter hohen Wellen verschwindet, wieder auftaucht, sich berührt und erneut getrennt wird, sind Teile unseres Lebens. Überall klammert sich jemand an ein solches Stück. Überlebende gekenterter oder auf Klippen aufgelaufener Schiffe. Die Elemente tragen zu solchen Katastrophen bei, Nachlässigkeit, das Steuern eines falschen Kurses. Jeder versteht die möglichen Gründe, spielt die entscheidenden Momente in Gedanken wieder und wieder durch, obwohl alles darauf ankommt, das Stück nicht loszulassen, das einen hält.

Kein Schritt ohne Hindernis

Diese Sätze vom Altern als dem schwindligen Torkeln und Taumeln eines Trunkenen, von der amorphen Gestalt der Individualität, von der Leben ermöglichenden Kraft, die aus Widersprüchen erwächst, von der Diskontinuität als der entscheidenden Erfahrung des Lebendigen, von fehlender Beharrlichkeit und Stimmigkeit, von der Plötzlichkeit, mit der unser Geist eine Sache, die sich gar nicht geändert hat, von einem Augenblick zum nächsten anders betrachtet, schau diese Sätze an, die — formuliert von Montaigne — durch die Jahrhunderte kommen, aus einem Buch heraustreten und uns suchen: keine Ausgeglichenheit, bei den unvorgesehensten Anlässen von einem Extrem ins andere fallend, kein Schritt ohne Hindernis oder wunderlichen Gegenschritt... Ich habe noch Schlimmeres an mir als diese Unzulänglichkeit, dies nämlich, daß sie mir kaum mißfällt und daß ich kaum versuche, sie zu heilen... Wer mich beschimpfen will, hat immer recht... Wir bestehen alle aus lauter Fetzen und aus so unförmig-ungleichem Gewebe, daß jeder Teil sein eigenes Spiel treibt. Und jeder Mensch ist von sich selber genau so verschieden, wie er von einem anderen verschieden ist.

Indem es offen zu Tag liegt

Nicht der Archipel, Tagereisen weit, nicht das Tor in einem anderen Land, durch das ein Traum davongeht oder eintritt, nicht die Galaxie, die uns zuweilen mit ihren Geräuschen zu Ohren kommt, nicht das Ferne, Entlegene, Abseitige ist am schwierigsten zu finden, sondern das, was nah, was am nächsten ist, vor der Hand, vor den Augen, diese Straße, diese frühe Stunde, die die Menschen aus den Häusern holt und die Läden öffnet, diese nachtblaue Muschel, dieses Bild eines Mannes, der beim Verlust seiner Macht starb, diese Bemerkung, dieses hergewischte Licht. Das nächste verbirgt sich, indem es offen zu Tag liegt, uns anschaut.

Alte Schwerkraft

Colmar, ein Tag in Colmar. Die Marktfrau, früh auf den Beinen. Der Küfer, fröstelnd am Fenster. Die Enttäuschten, die im Verborgenen leben, sich nicht mehr gängeln lassen von Worten. Brücke, Dächer und Türme, das Viertel der Gerber, der Fischer: nichts fliegt davon. Alte Schwerkraft. Zeit ist uns gegeben, es gibt, es gibt Zeit, mit ihren Intervallen. Die französische Sprache hört den Regen, der einsetzt, aufhört. Du liebst sie, nennst sie eine Dichterin.

Die Hände wie Wolken bewegen

Wir haben nie damit aufgehört, wir treiben noch immer — mißverständlicher Name — Schattenboxen, sagt der Mann aus China, indem wir mit den einundachtzig Formen, aus denen sich der Bewegungsablauf zusammensetzt, Erde, Mensch und Himmel miteinander verbinden und zunächst die für diese Formen seit Jahrhunderten feststehenden Namen sagen, zum Beispiel: die Hände wie Wolken bewegen. Was wir vermeiden, ist Härte, Schnelligkeit und Anstrengung, ohne Unterbrechung sollen die Bewegungen fließen, die Beine wie Wurzeln sein und die Hände kreisen.

Aus Fug und Unfug

Aus Fug und Unfug ist das Haus gebaut, in dem wir wohnen; aus nicht entzifferter Zeit; Landschaften des Schlafs; dem Glanz, mit dem der Sommer Ferne herstellt; dem Frost, den der Winter über das Meer schickt; der Trauer über das, was wir – eines Augenblicks der Unachtsamkeit wegen — verfehlten; den schwieriger werdenden Lektionen; den Täuschungen, die wir nicht gleich sehen; dem, was wir erkennen (wenn wir es erkennen); unbewältigten Bindungen; unseren Entdeckungen und der Einsicht, daß sie wieder verschwanden; unserer Sehnsucht, die verläßlicher ist als alle Gründe.

Wozu also

Die Frau nickt dem Postboten zu, der vorbeigeht. Sie hört den kurzen Streit aus dem Nachbarhaus. Sie hat Fieber, friert, hat sich erkältet, schlägt die Zähne zusammen. Neben ihr steigen Besucher die alte Steintreppe hinauf zum Eingang der Höhle.

Sie spricht wenig. Sie kennt die Sprache der Maiskolben, die sie röstet, der glasartigen, durchscheinenden Körner; der Berge, die nah sind; des ausgetrockneten Flußbetts.

Wozu also Mengen von eigenen Wörtern?

Sich stufende Welt von Signalen

Nicht das verabredete oder durch Verordnungen bestimmte Reglement; nicht das mit Trompete, Horn oder Trommel unterstützte Kommando. Nicht das ist gemeint. Sondern der wiederkehrende Tag, die wiederkehrende Nacht; die Frau, die vorbeigeht; das Wandern von Augen; das Leuchten, die Mattheit der Dinge; das Pochen und Zucken des Universums in Myriaden von Spannungen, Bewegungen, Körpern: ins Unabsehbare sich stufende Welt von Signalen.

Es gibt mich gar nicht

Am Ende der Welt sitzt sie in einem Café, das in Rauch versinkt; in dem alle Stimmen sie entstellt erreichen; in dem ein Kellner mit den kurzen Hieben seines Lappens Reste von Asche von den Tischen schlägt.

Morgen schon wird sie von dem Abend nichts mehr wissen. Seit einem Unfall vor fünfzehn Jahren kann sie sich nur noch an das erinnern, was vor dem Unfall geschah, aber nicht an den gerade vergangenen Tag, oft nicht einmal mehr an das, was vor einer Stunde los war.

Sie sammelt Gegenstände, um damit ihr winziges Erinnerungsvermögen zu stützen. Sie spielt Klavier, macht Spaziergänge, findet zum Haus zurück, kann aber den Namen der Straße nicht behalten, in der sie lebt. Doch kann man zusammenhängend mit ihr sprechen über das, was gerade vor sich geht.

Es gibt mich gar nicht, sagt sie.

Erbauer von Labyrinthen

Wir schichten Stein auf Stein, lassen Wand an Wand entstehen, Kammer an Kammer. Wir arbeiten ein Leben lang daran, ohne zu wissen, was daraus werden wird. Zu spät merken wir, daß wir ein Labyrinth erbauten und seine Gefangenen sind. Auf unvorhergesehene Weise sind wir mit unserem Dasein fertiggeworden oder nicht fertiggeworden. Der Bau ist zu weit fortgeschritten, als daß wir etwas rückgängig machen könnten. Auch kennen wir uns kaum in ihm aus. Die Wege, die wir in ihm gehen, enden nirgends. Es ist nicht einmal klar, ob wir uns wenigstens den Ausgang offengelassen haben, den es in früheren Labyrinthen gab.

Wortlos

Am Rand der Straße, die ein Stück weit an einem blanken See entlangführte, stand ein Mann, wartete, hoffte, daß eines der Autos ihn mitnehmen würde. Es passierte nichts weiter, eine Minute nach der andern. Er machte den zerstreuten Eindruck dessen, der unruhig ist. Ein Bruder von Thomas dem Zweifler, hoffnungslos und voller Hoffnung, mit einer eher zaghaften Geste, wenn wieder ein Wagen sich näherte, aber nicht zu übersehen als jemand, der an dem Tag noch weiter wollte.

Er wartete lange. Endlich bemerkte er eine Frau, die neben der Straße auf ihn zukam, offenbar schon müde, aber noch immer mit sicheren Schritten, in einer Hand eine Tasche, aus der sie, als sie an ihm vorbeiging, zwei Äpfel nahm und ihm wortlos, ohne ein Lächeln auch, ohne innezuhalten, in die Hand drückte.

Rettungsversuche

Rettungsversuche von Menschen, denen übersichtliches Leben selten zuteil wurde; die nicht bis zum Sankt-Nimmerleins-Tag Opfer unzulänglicher, ahnungsloser Akteure sein wollen; die die Ausflüchte kennen, die jeder sucht; die wissen, daß jeder auch der andere ist; die wissen: wir haben alles, aber nichts; die Welt ist weit, aber eng; die Ereignisse sind geordnet, aber zufällig.

Rettungsversuche, lauter Rettungsversuche, wenn das Leben verrutscht; Stunden zu einem Gefängnis werden; der Vorrat an Gleichgewicht zu Ende geht; die Scharade zu schwierig wird; der Boden unter den Füßen entgleitet; Gespenster-Räume zu durchqueren sind. Rettungsversuche aus dem Durcheinander, dem Strudel. Überall Rettungsversuche, Hilflosigkeit. Alle haben genügend zu tun.

Wo wirst du heute sein?

Wo selbst die Zaunpfähle Blätter treiben und wieder zu Bäumen werden. Wo das Verständliche ist, das Unverständliche. Wo ich der Zeit entkomme, sie finde. Wo man nur einen Steinwurf vom Anfang entfernt ist. Wo sich etwas versteckt und sichtbar bleibt. Wo ein Lied stärker ist als ein Weltreich. Wo ich ungestört gehen kann, mir Hindernisse schaffe. Wo man auf gut Glück lebt, auf gut Unglück. Wo man das Meer und der um sein Leben Schwimmende zugleich ist. Wo es nicht nur Schweigen gibt, wenn das Sprechen aufhört. Wo die Worte sich mit dem Schweigen messen müssen.

Kaum ist es da

Daß alles, kaum ist es da, kaum hat es Wärme, weggerückt und wenig später als Bild in der Ferne sichtbar wird, sich zu den vielen andern Bildern gesellt, die dort stehen, solange wir leben: es geht unablässig so fort. Wir sind von etwas, das vorhanden ist, das vor sich geht, verzaubert oder entsetzt, wenden uns einmal ab oder versuchen noch einmal hinzublicken und entdecken es bereits in dieser unabsehbaren, sich von Augenblick zu Augenblick erweiternden Galerie, die unsere Erinnerung ist.

Es kommt der Augenblick

Es kommt der Augenblick, wo Wiederholungen abenteuerlich werden; Tage gewährten Lebens schnell wiederkehren beim leichtesten Ruf; Zeiten sich mischen, weniger einfach zu unterscheiden als in der Grammatik; durch unser Bild Gemeinsamkeit entsteht mit allen, die einmal da waren; man aufgeregt ist und deshalb ruhig spricht an der Grenze des Körpers; Übernachtung auf Wolken möglich, der Morgen ein Eisvogel, Schrift zu einem Weg wird.

Schlafwandler, Wachträumer

Der Mann auf dem Seil. Wieso ein Tänzer? Er geht auf einem gespannten Seil, obwohl er das Gehen auf einem gespannten Seil verwirft. Das Seil ist alles, was er fürchtet, was er will, was er braucht. Hölle und Paradies. Er ist bei sich und weit fort. Niedergedrückt und voller Illusionen. Begleitet von den Blicken derer, die ihr Leben in seinen Schritten und Bewegungen wiedererkennen, hält er sein Gleichgewicht. Ein Schlafwandler, Wachträumer, heuchlerischem Gehabe abhold. Jeder Gang ist sein letzter.

Unbezähmbar

Du willst ohne Hindernisse leben? Sie eröffnen dir neue Wege. Ohne Enttäuschung? Sie läßt dich klar sehen. Ohne etwas Unlösbares? Es wirft alle Rechthaberei über den Haufen.

Du willst deiner Verzweiflung entrinnen? Sie nimmt dir die Angst. Deiner Besessenheit? Sie bewirkt, daß du wach bleibst. Der Verurteilung durch deinesgleichen? Sie macht dich unbezähmbar.

Oder ist es gerecht?

Daß wir auch das Unerträgliche als Bestandteil unseres Daseins brauchen, ahnen wir zumindest. Zugleich suchen wir es zu überwinden. Dunkel bleibt uns, *wie* wir darüber hinwegkommen. Unerträglich scheint uns, daß wir ein Leben lang auf der Suche nach etwas sind, das wir in guten Augenblicken vor uns sehen, das sich aber, ehe wir uns ihm wirklich nähern, immer wieder entfernt. Oder ist es, ganz im Gegenteil, wie Cioran schrieb, *gerecht*, daß das, woran uns am meisten liegt, unerreichbar, das Wesentliche unserer selbst und unserer Strecke verhüllt und unverwirklicht bleibt?

Adern

Gegen Abend im Garten eines Lokals. Unter der Tür tauchte für einige Minuten der Koch auf, der in die Jahre gekommen war und in die Wärme rundum blickte, dann eine Frau, die in Gedanken bei etwas anderem weilte als dem gegenwärtigen Augenblick. Aus einem Fenster sahen zwei Hunde.

Ich hielt einen Stein in der Hand, dessen Adern uns aufgefallen waren, die an die baum- und netzförmig ausgebreiteten Adern eines Körpers erinnerten. Während wir darüber sprachen, wurde der Himmel dunkel, hatte sich ein Gewitter vorbereitet, und als wir den Garten verließen, erschienen die Adern der ersten Blitze.

Nomadenhaft

Nein, was wir denken, hat keinen Wohnsitz, sondern zieht nomadenhaft durch ebene oder hügelige oder gebirgige, der Hitze des Tages und der Kälte der Nacht ausgesetzte Landstriche — mit ihrem Flugsand, ihren Sandsäulen, Salzbänken, Trugbildern, Schluchten, Spalten, Klippen, Tälern oder Seebecken; mit ihren Oasen, Bodensenken, die zum Grundwasser reichen. Es kennt die meerhaften Flächen, zu denen die Wüste werden kann.

Vielleicht eine Beschwörungsformel

Die Wohnung im zweiten Stock des Hauses hatte einen Balkon. Einen Balkon ohne Gitter. Erhalten waren nur noch die sechs oder sieben Quadratmeter Bodenfläche.

Darauf stand ein altes, ziemlich verrostetes Motorrad. Nicht gegen die Fassade gelehnt, es bildete vielmehr beinahe einen rechten Winkel dazu.

Hinter dem Fenster eine von der Decke hängende Glühbirne. Sie brannte, obwohl es gegen Mittag ging und die Sonne gleißte.

Daneben der Kopf eines Mannes, kahl, über etwas gebeugt, vielleicht eine Beschwörungsformel, ohne Bewegung.

Andere Schrift

Was wir durch einige Jahrzehnte erlebt, gefühlt, gedacht haben, nehmen wir eines Tages wahr als kühleren Hauch, vorüberhuschenden Glanz, flüchtigen Schatten, sehen wir im Zwielicht als Stein am Weg liegen, als Ebene sich dehnen, als Abend im See sich nähern. Wir können es lesen; merken, daß das Ganze entsteht, indem das Einzelne unablässig vergeht; verstehen das Leben als etwas, das möglich ist, weil es immerwährend entschwindet; machen eine Reise in eine andere Schrift. In solchen Augenblicken ist es denkbar, daß man mit einem Ertrunkenen spricht oder der Schnee zu glühen beginnt.

Auf hoher See

Eben noch war da der Hafen. Einige strecken sich jetzt aus zum Schlafen. Einer führt ein Selbstgespräch; er ist in eine Ferne geraten wie in ein herrliches Laster. Einer hält seinen Rücken der Sonne hin oder vertreibt eine Furcht mit der nächsten. Einer belauscht das quellende Licht. Ein vierter wartet auf die Inseln, die sich über Hunderte von Kilometern hinweg suchen. Die Unrast hat ein anderes Gesicht. Einen Ausrufer gibt es hier an Bord nicht, niemand vermißt ihn. Am Horizont fahren zuweilen andere Schiffe vorüber. Sie sind nur kurz da, wo sie sind. Das Meer ist Augenmusik. Es verweigert sich jeder Erstarrung.

Fallstrick

Zwischen den Häusern der Stadt nimmt man den davonsegelnden Himmel kaum wahr. Man hört die Rufe der Verkäufer, die ihre Waren feilbieten; den Preßluftbohrer; den Rettungswagen mit Sirene und Blaulicht; das Keuchen und Pochen, in dem die Stadt zerfällt und sich wieder aufbaut.

In einer Ausstellung Klotho. Ehe sie es merkte, hat sie sich in ihren eigenen Fäden, Gefühlsfäden, Denkfäden, Lebensfäden verwickelt. Ein Knäuel ist entstanden, das sie nicht mehr entwirren, aus dem für sie über Nacht ein Fallstrick werden kann.

Es hat zu stürmen begonnen. Das Wasser im Hafen wälzt die Schiffe herein oder fort.

Verwunderung für immer

Auf einem Sockel, gleich hinter dem Eingang zum Laden, das Fragment einer Plastik: eine Hand auf einer Schulter. Einige Zentimeter weiter wird der Stein rauh und bricht ab. Ehemals vermutlich zwei Gestalten. Für den, der sie geschaffen hat: Geschenk eines Glücks? Eines Schreckbilds?

Daneben Birnen, Pflaumen, Feigen, Zitronen, denen die Frühe ihre Kühle anvertraut. Generationen von Regalen und Körben. Während die Frau eintritt, eine Oleanderblüte hinter dem Ohr, überquert ein Kater den Tisch, auf dem ein Mann einen Käse abwiegt. Alles ist nah beieinander. Aber nichts geht ins andere über. Verwunderung für immer.

Aber solange wir ihn nicht vergessen

Beschäftigt mit unseren Torheiten und Selbsttäuschungen, unserem Irren und Umherirren, dem Kauderwelsch, dem Getöse der Meinungen, der Trauer darüber, daß wir nicht besser miteinander umgehen, uns zu viel vormachen, die Aufgaben des Erbarmens zu wenig kennen; beschäftigt mit den Bruchstellen unseres Daseins, an denen etwas endet oder beginnt, wollen wir den Tod nicht denken, wollen nicht denken, daß er an uns arbeitet, uns begleitet, versuchen wir, seine Nähe zu vergessen. Aber solange wir ihn denken, solange uns sein Bild deutlich ist, solange wir ihn nicht vergessen, leben wir.

Am Ende des Vormittags

Sonne und Wolken überqueren den Himmel, unter dem die Marktleute abräumen und in ihre Wagen verstauen, was sie nicht verkauft haben, Erdbeeren, Spargel, Käse, Pfingstrosen, in denen wer weiß welches Feuer zur Ruhe kommt. Drüben auf der Caféterrasse der Philosoph, der immer wieder daran erinnert, daß man von allen Dingen nur einen Teil sieht, die Laborantin, der die Welt von zuviel Gockelei und Großmannssucht erfüllt ist, Männer und Frauen, die sich vom Hin- und Hergehen ausruhen, über den von Abfällen übersäten Platz sehen, einer Enttäuschung nachhängen, nicht über einen Verlust hinwegkommen oder sich freuen auf einen Liebeskampf.

Hindu

Student, seit kurzem in Deutschland: Nie empfand ich den Unterschied zwischen einer Pflanze und mir, zwischen alltäglichem und allnächtlichem Leben. Nie habe ich die Dinge verstanden, sie nur mit wachsender Liebe berührt. Ich verbeuge mich vor einem Garten, der mir Rot und Gelb mitgibt, vor Blüten, die Blüten vermehren, und dem Dasein des Flusses, der sich im Himmel wiedererkennt. Wie ihr weiß ich von den Phantomen, die schlafen in jedem Wort.

So gibt ein Wort das andere

Dem Andenken Hans Arps

Weißt du, was ich las? Die Störche packen ihre Schornsteine in ihre Koffer und ziehen in das Land der Pharaonen. Schneewittchen befreundet sich mit Hagelwittchen. Auf den Wendeltreppen sitzen Sterne mit Ohrringen. Eine Hand schlägt den Sommerregen und das Gras, das vom Himmel niederwächst, wie einen Vorhang zurück. Seen hängen senkrecht als Spiegel in den Bergen. Steine sind steinalt, manchmal sind sie wie Kinder, reden so dahin, und der Bildhauer glaubt nur zu gern, was sie reden. Die Ewigkeit raucht aus uns wie aus Pfeifen. Jeder von uns ist der Kern eines zukünftigen Engels. So gibt ein Wort das andere. Dada ist schön wie die Nacht, die einen jungen Tag in ihren Armen wiegt.

Wo bist du jetzt?

Hinter dem Haus auf den Feldern, wo man erleben kann, wie die Schöpfung weitergeht, der Sommer schäumt? In der Landschaft deines Zimmers mit Tolstoi und seinem Feuer? In der Küche, umgeben von Kräutern und frisch gepflückten Kirschen? Beim Einkauf, Schuhe probierend? Im Schwimmbad? Bei Freunden?

Im Spiegel, dem alten Lehrmeister, sehe ich dich vorbeigehen, zu Neckereien aufgelegt, ausgelassen, ein Bild, vor dem das Verlangen aufflammt.

Noch immer

Shakespeare sieht noch immer, wie die Zeit eindunkelt von Selbstgerechtigkeit, Lüge, heute in einer Gaukelbude die Hölle vermessen wird, morgen Giftfässer durch die Gegend gefahren und in einer Schlachterei abgestellt werden, Getöse zunimmt, auch wenn beim Erscheinen eines Kometen niemand mehr daran denkt, es könnte einen Zusammenstoß geben mit der Erde; auch wenn niemand mehr deshalb verrückt wird oder Selbstmord begeht; auch wenn niemand mehr sein Hab und Gut verkauft, um das Geld zu verschleudern; auch wenn jeder sich darauf verläßt: der Komet kommt und geht.

Immer einfacher, immer schwieriger

Der Geburtstag, das Fest, das Glück, die Verzweiflung. Man ist gelaufen, gelaufen, die Zeit lief davon. Unversehens hat man das Alter, wenn man achtzig wird, erschaffen. Vieles, fadenscheinig geworden, ging den Bach hinunter, vieles, was unmöglich schien, ist doch geschehen, hat sich ausgewachsen. Immer einfacher, immer schwieriger die Entscheidungen: zum Beispiel festhalten oder loslassen. Man hat das Leben, cette affaire compliquée, verbracht als König der Bücher, als ihr Sklave. Mit vielem fertig, nicht fertig. Man mischt sich weiter unter die Sätze, am Sommerabend, im Winterlicht.

Und Augen

Zellen, in denen etwas aufgezeichnet ist; die atmen, sich teilen, Nervenstränge werden, Knochen, Gefäße; Formen bilden, Gelenke, Füße, Zähne — und Augen, die wahrnehmen, etwa das ganz andere Wachstum der Kristalle, die Kondensation der Gase, fliegendes Feuer, nicht meßbare, durch Messungsversuche störbare Spiegelschriften des Daseins, Bilder der Tiefsee und der Galaxien, die Leben und Tod miteinander verbindende Fessel, und die verstehen, daß den Erscheinungen unsichtbare Figuren vorangehen müssen, der Muschel, der Blüte, dem Gesicht.

Nach grauen Wochen

Nach grauen Wochen
sah ich heute

als der Himmel
kurz aufriß

und der Februar
in den Hecken verschwand

wie die Schnalle
deines Gürtels

die Sonnenstrahlen
rasch einfing.

Bei einem Spaziergang

Geben Sie acht,
gleich einem Bau
kann das Leben

plötzlich einstürzen
durch die geringste
Verschiebung —

sagte Voltaire
zu seinem Begleiter
bei einem Spaziergang

durch den blühenden
Schwetzinger Schloßpark,
im Gegenlicht noch

ehe die Nacht
Moschee, Brücke
und Flieder fortnahm.

Nichts sonst

Auch nach Jahren
sind wir uns unbekannt.
Deshalb erkennen wir uns.
Deshalb Zärtlichkeit
und ihr Wortlaut.
Deshalb voller Gedächtnis
Hände und Lippen.
Nichts sonst taugt
gegen Tod und Verderben.

Verwechselt die Monate

Im Schnee wird deine Stimme
heller, Schneestimme

schmeckt nach Weite,
kommt wie gerufen

verwechselt die Monate,
denn jetzt ist Baumblüte —

merkst du, April und Mai
fahren zwischen Hügeln vorüber

man hört ihre Wagen noch immer,
sie lassen sich einmal Zeit.

Der japanische Mönch sagt

Leben wird durch die Welt
getragen von der Zeit,
von Licht und Nacht
— sie sind uns überlegen —

von Dingen, die wir nennen
und zugleich beschützen
vor unseren Worten
— durch Scheu, durch Wachsein —

von der Erwartung,
die den Flug der Samen,
Trug und Früchte
vor unsere Augen bringt.

Wie nie zuvor

Während du der Taube zusiehst,
die ihre Flügel klatschend
über dem Rücken zusammenschlägt,
ehe sie auffliegt
gegen die Dämmerung,
die aufhört, Dämmerung zu sein,
und zu einer schwebenden Architektur wird

sehe ich, wie schön du bist
in deiner Selbstvergessenheit
und verstehe wie nie zuvor
die Kostbarkeit jedes Augenblicks.
Ein Taumel, so ein Abend,
vor dem Berg von Vergangenheit,
der sich hinter uns erhebt.

Vergleich

Wiegt die Erde
schwerer
als ein Reiskorn?

Nein.

Ist ein Königreich
dauerhafter
als eine Blüte?

Nein.

Gibt ein Haus
mehr Schutz
als ein Satz?

Nein.

Wie kannst du
das beweisen?

Seit Jahren

Nach Schlaf
oder Schlaflosigkeit,
wenn überall Stimmen
geboren werden

füttert sie
in der Baulücke
mit mürben Händen
Tag für Tag

die heimatlosen Katzen
ihres Viertels,
ohne die sie
nicht leben will

die sie erwarten,
willkommen heißen,
mit denen sie
Zwiesprache hält

während sie sieht,
wie ihre Pupillen
sich um so mehr verengen,
je heller der Tag wird.

Eis

Wenn ich mir einige Dinge
zuviel kaufe, sagst du,
fühle ich mich elend,
aber dieses Eis muß ich
haben. Eis! Eis!
Das kann mir keiner nehmen,
auch nicht die Hitze,
der schon Hände wachsen.

Odyssee des Traums

I

Die Tür ist geöffnet,
um und gegen die Lampe
— unseren Worten gleich,
die ein Licht suchen, umkreisen —
fliegen die Nachtfalter,
die am Tag versteckt saßen.

II

Die Wohnung ist klein, aber
es sind darin nicht nur Möbel,
Bücher, Lampen, Decken,
sondern auch die Straßenkreuzung

die Stadt mit Marktplatz,
Türmen, Gespenstern,
unter Windstößen das Land,
seine spiegelnden Seen, Wasseradern

der Ozean, in den sie münden,
erforschte, nicht erforschte Kontinente,
die Bewegung der Wolken,
Milchstraße und unabsehbare Räume.

III

Odyssee des Traums,
der Sehnsucht, des Schreckens

die klar ist,
sich nicht zu erkennen gibt

während wir uns
im Schlaf herumwerfen

und unsere Freunde,
die Morgenstunden, noch fern sind.

Wahrnehmung

Jetzt endlich nehme ich
diese Rinde wahr, sagst du,
ihre Kindheit, ihr Alter,
die Prüfungen, die sie durchlief.

Wie lange es dauert,
bis die Hand nachdenklich wird,
bis sie spürt, wie das Leben
beim Erwachen in das was ist

einfließt, wie die Dinge
ihre Formen voneinander übernehmen.
Jetzt wird diese Rinde
ein Berghang, nachher

eine Folge von Anspielungen,
ein Gespenst, eine Blutbahn,
die sich dem Körper bequemt,
ein Auge, eine Inschrift

die unsere Unruhe nennt,
Geschichte, Erniedrigung, Vernichtung,
fremde Geschäftigkeit von Wachen und Schlaf,
Jahre, Landschaften, entlaubt.

Der Bouquinist

Schluß für heute.
Er räumt schon ein,
schließt seine Kästen,
während er noch spricht,
den Geist der Kürze
erwähnt, den er liebt,
schönes, fremdartiges Geschenk.

Erfahrungshunger, Wissensdurst

I

Mit vierzehn wurde sie taub, wendete sich das Blatt. Jetzt studiert sie Musik. Ausdauern! Für das, was unzerstörbar ist. Lippenlesend unterhält sie sich mit ihrem Lehrer.

Klänge, sagt sie, Schwingungen nehme ich wahr durch den Körper. Sie kommen mir nun anders zu Ohren. Zu Ende denken kann ich sie nicht.

II

Ein Freund. Groß sein Erfahrungshunger, sein Wissensdurst, sein Wille, nach Niederlagen sich zu erneuern. Leben war für ihn Wachsein; den Gegensatz als Ergänzung empfinden; umherschweifen in der Welt; Steine, Pflanzen, Tiere, Menschen, Sterne sehen; unerhört einfach werden; wissen, daß nichts so unwahrscheinlich ist wie das, was sich ereignet. Wie gern hätte er manchmal die Zeiten vertauscht, Goethes Schwester geliebt. Heute im Briefkasten die Nachricht von seinem Tod. Nun hält auch er still.

III

Er nennt sich einen Jäger in alten Bibliotheken. Die Bewegung in ihnen nimmt kein Ende. Worte keimen, gedeihen und blühen. Bücher trennen und vereinigen uns, während wir unverwandt etwas folgen.

Aber er ist auch ein unermüdlicher Reiter, liebt die Ritte über die Alpen. Oder die Fahrten mit dem Schiff, auf dem Rhein, über den Kanal. Auf vertrautem Fuß steht er mit dem Gott Terminus. Er ermutigt seine Freunde zu sich selbst; merkt, daß man die Torheit nicht ganz beiseite lassen darf, wenn man das Dasein nicht zerstören will; sieht, daß die Natur viele Menschen so geschaffen hat, daß sie ihrer selbst leicht überdrüssig werden.

Seinem Arzt teilt er mit, er habe sich seit Jahrzehnten daran gewöhnt, stehend zu schreiben, vermutlich rühre daher sein Steinleiden. Die Dinge versteht er als Hinweis darauf (das gehöre zur Lebenskunde), daß wir nie ganz allein sind. Doch er weiß, man muß sie ausreden lassen.

IV

Sie nimmt Platz im Abteil, lacht, blickt sich um, winkt in die Landschaft, die von Helligkeit lodert und in welcher der Wind, der große Maler, arbeitet auf Feldern mit Weizen —

winkt wieder und sagt: In diesem Zug will ich die Zukunft erwarten, ich werde ihn erst verlassen, wenn sie gekommen ist. Auch ich – wie eine Frau, die ich kannte – wünsche mir einen Hut mit Federn und Blumen, denn auch ich will fliegen und blühen.

V

Tausend Arten von Gras! Es überlebt Feuer und Frost! Und meine Ziegen, schauen Sie, an ihnen hängt mein Leben. Im Krieg verlor ich zwei Brüder. Vom Dorf war ich nie mehr als fünfzig Kilometer entfernt. Doch die zwei oder drei Fragen, die ich hatte und auf die ich keine Antwort fand, konnte ich mir auch hier stellen. Daß die Menschen sich breitmachen, die Zäune vermehren, kungeln, tricksen und pokern, das verstand ich auch hier. Hier wurde ich alt. Die Lebenden tanzen hier auch mit den Toten. Jeder kennt des anderen Wahn. Aber Marseille will ich noch sehen.

VI

Seine Augen handeln. Er liest das Tagebuch, das die wandernden Schatten auch heute führen. Er öffnet die Tür, und herein kommen die Jahre mit ihrer plötzlichen Transparenz. Immun ist er gegen Rattenfängerideen und Maulheldentum. Er bewundert den Bildhauer, der — denkend mit seinen Händen — die Figuren, die er geschaffen hat, auffordert zu sprechen. Was für ein Wunder, schrieb er in einem Brief, ist jeder Teil eines Körpers, etwa das Schlüsselbein, das wie ein Strebepfeiler das Schultergelenk in der richtigen Entfernung von der Brust hält, damit der Arm genügend Freiheit und Sicherheit in seinen Bewegungen hat.

VII

Sie war eine begeisterte Hörerin Nabokovs, der seine Vorlesungen als Zusammenwirken seiner Stimme mit einem Garten aus Ohren verglich und gern davon sprach, daß Worte in verschiedene Richtungen zugleich blicken können. Später erfand sie Geschichten, in denen Menschen auf ihren Steckenpferden davontraben. Gern beschäftigte sie sich mit Tieren, die kopfunter schlafen oder auf dem Wasser oder stehend auf einem Bein oder in der Luft schwebend. Oft dachte sie an die Zeit, in der man den Erdball noch einen Meergarten nennen konnte. Sie war vorsichtig mit schnellen Urteilen, seit sie gesehen hatte, daß sie zuweilen wirken wie Rost. Wenn sie ein Ziel erreicht hatte, wünschte sie sich die davorliegende Zeit mit ihrer Unruhe und Sehnsucht zurück.

VIII

Kannst du mir sagen, wo Gustaf ist? Er ist aus diesem Jahr hinausgegangen und nicht wiedergekommen. Leben und Tod nannte er Feste, leidenschaftliche Versunkenheiten. Dazwischen: Verzicht auf Atem. Es fiel ihm zuweilen schwer, andere Augen zu verlassen. Aber er war auch den Versuchungen der Leere ausgeliefert. Er wußte, daß Illusionen Wirklichkeiten erzeugen, hielt viel von nützlichen Irrtümern. Als ich ihn das letzte Mal sah, sagte er: Eben noch denken wir, bald muß das Leben doch kommen, einen Augenblick später sehen wir, es ist schon gewesen.

IX

Auch seine Zeit ist abgelaufen. Auch er sagt umsonst, man dürfe dem Tod nichts mehr überlassen. Auch er geht vom Tag in die Nacht, die seine bisherigen Erfahrungen verneint: Hektor, der Besiegte. Auch er hat sich eine Weile gezeigt. Auch mit ihm erlöschen eine Sehnsucht, eine Bewegung, ein Traum, ein Wissen, eine Folge von Bildern, die in einem anderen Körper neu beginnen werden.

X

Sie erwartet den trügerischen Abend, während sie von dem Fluß spricht, an dem sie aufwuchs. Er bewege sich durch ihre Augen, Erinnerungen und Hände. Auch er habe nur zwei Ufer, also zu wenig. Das Meer sei weit, es sei nah.

Auf ihren Rücken sind Rosen, Früchte, ein Totenkopf, die Sichel des Mondes tätowiert, ein Drache endlich, dessen Schwanz zwischen ihren Brüsten verschwindet. So stellt sie, jetzt umhergehend unter den Gästen, Träume aus, Verletzungen der Haut einst, Umrisse jetzt.

XI

Die Frau, klein und lebendig, schon um sechs hinter der Theke, während das erste Licht über den Felsen der Dunkelheit steigt: diese Fernfahrer sind prächtige Kerle. Ich liebe sie. Hundemüde kommen sie an — wissen Sie, ohne Harnisch — und wollen wissen, was ich gekocht habe. Wie Söhne, jeder anders, jeder einzigartig. Hier arbeitend fürchte ich nichts.

Bäuerin

Ihr Mann ist gestorben,
ramponiert von Alter.
Ist klein und hart geworden.
Sie starrt ihn an,
geht in den Stall,
um es den Tieren zu sagen.

Ich vergesse es nicht

Nein, ich vergesse es nicht,
man muß eine Geschichte erleben,
ehe man sie erfindet.
Was wirst du tragen?
Einen weißen Rock,
eine schwarze Bluse.
Der Tag ist neu,
als habe es noch keinen gegeben.
Die Zeit beginnt jetzt.
Ich werde auf dich zurennen.
Der Morgenwind ist in Eile,
die Gewässer sind unterwegs.

Gib den Dingen das Wort

Dem reitenden Wasser,
Felsen mit ihren Träumen

dem Weg, der das Ziel ist,
Schnee, der die Landschaft

langsam verbirgt
und anders sichtbar macht

dem Licht, das wartet
auf Augen —

gib ihnen das Wort.

Oft

Warum — überlegte sie oft —
ließ sie zu,
daß in ihrem Leben
alles anders kam

als sie wollte?
Aber am Ende war sie
meistens zu müde,
um weiter daran zu denken.

Schon wieder Abend.
Nichts war getan.
Schon wieder fielen das Haus,
die Straßen in Schlaf.

Auch ein Satz

Auch ein Satz
streitet mit sich,
ist gedankenverloren,
kennt das Tollhaus,
läßt sich nicht messen,
bleibt unnahbar
oder besucht uns,
führt sein Dasein.

Verweht es, stirbt es

ober faßt das Wort
Wurzel

sucht es,
findet es Grund

wächst es zu
auf ein Trugbild

die Wahrheit?
Still

vielleicht tritt es ein
in Quarzite, Schiefer, Gestein.

Der Besucher aus Ägypten

Neu steigt — gestern gealtert
bei ihrer Pilgerfahrt über den Himmel,
in der Nacht verjüngt, während sie
zurücklief zu ihrem Anfang —

neu steigt die Sonne am Morgen
aus dem Wasser, das sich rötet
bei ihrem Erscheinen, neu entsteht,
weit in die Fernen, Landschaft der Zeit

das Abenteuer der Wiederkehr
beginnt neu, neu erhält die Erde
Bewegung, wenn die Sonne steigt
und Licht und Wärme verschwendet.

Europa

Europa, erschöpft vom Spiel
am Strand des nahen, fernen,
unnahbaren, unerforschbaren,
Verwesung und Fruchtbarkeit
erzeugenden Meeres

hat schon die Witterung
für die schwierige Syntax
der Geschichte von Küsten,
Ländern, Grenzen und Mauern,
Arglist, Fehden, Zerstörung.

Noch immer verwöhntes Kind,
aber wach, sich selbst nicht geheuer,
sieht sie mit aufgerissenen Augen
durch Jahrtausende zunehmen
mäandernden Haß, dunklen Verrat.

Atemzüge

Bring die Spiegelungen von dem,
was war und was sein wird,
den Körper und sein Gedächtnis,
Atemzüge, tiefe, mühsame, rasche,
die freien und die gepreßten

bring die Gesichter, durchsichtig
geworden von Schmerz und von Glück,
die Bilder, die unaufhörlich sich
mischen, unsere Geschichte,
die wir immer anders verstehen

bring den Knäuel,
zu dem die Jahre geworden sind,
und alle Vergänglichkeit, merkwürdige
Speise, bring sie herbei,
noch einmal, zur Sprache.

Er dunkelte nach

Gestern hatte ich ein Gespräch
mit meinem Großvater, der
vor Jahrzehnten gestorben ist.
Er war immer noch wortkarg,
zeigte mir eine purpurne Zwiebel,
die er bewunderte,
sah den Wolken zu,
die Prozessionen gleich
näherkamen und wegzogen,
dunkelte mit dem Abend nach.
Freude über das Dasein
muß möglich sein, sagte er,
auch wenn es zusammengesetzt ist
aus sich ergänzenden Mängeln.
Es gelang ihm wie damals,
er selbst zu sein.
Sein Habitus ähnelte dem
eines wachsamen Vogels.
Zum Schluß erwähnte er seinen
klagenden, klaglosen Abschied.

Lebenslauf

Mit achtzehn hat sie geheiratet,
eine Tochter geboren mit neunzehn,
mit zwanzig die Scheidung verlangt.
Arbeit als Kontoristin,
Schauspiel erlernt, eigene Lieder.
Schlag auf Schlag, so hab ich's gewollt.
Nein, ich bin nicht nachsichtig,
sagt sie zu ihrem Mann.
Es geht eben nicht auf,
das ist alles, wozu viele Worte.
Auf violetter Vespa
fährt sie durch Mailand,
das im Morgenlicht rot anläuft.

Annette

Wiedergekehrt, nicht lange
nach den treibenden,
läutenden Eisschollen,
ist die Zeit der Knospen,
schlafender Augen,
die sie träumerisch wahrnimmt,
ehe sie hustend, erschöpft
hoch über Meersburg
zurückfindet zu ihren Worten,
bei denen sie ausharrt,
zu ihrer Spiegelei,
wie sie ihr Zimmer nennt,
wenn es vom Widerschein
des Sees erhellt ist.

Hans Jürgen Fröhlichs Begräbnis

Ende November, das Jahr
drehte sich in seinen Angeln.
Deine Frau, deine Kinder, Freunde
standen frierend an deinem Grab,
obwohl der winterliche Mummenschanz
noch nicht begonnen hatte.
Die ungeheure Arbeit des Lebens,
des Todes: nun vorbei die
Schlafstörungen, Fieberträume,
Erstickungsangst, das Erschrecken
über Verluste, die Nachtseite
des Daseins, die für Jahre
nicht heller wurde,
Stunden am Klavier mit einem einzigen
Akkord oder einem einzigen Ton
oder das Starren gegen die Wand,
die Gewohnheiten des Stubenhockers,
der das Haus nicht verlassen will,
aber den die Vorstellung quält,
Glück sei nur draußen zu finden —
das alles hast du beschrieben,
auch die Augenblicke des freieren
Atmens, des Lesens, der Fahrten
nach Italien oder Amerika.
Die Stadt schickte gedämpft
ihre Geräusche herüber, der Tag
brachte Regenschläge zuletzt
und war unaufhaltbar wie immer.

Schrift und Gegenschrift

Wenn wir schreiben,
tun wir es auch heute
— lebend in einem
provisorischen Zustand —
mit einer Feder
aus den Flügeln des Ikarus,
der Gegenschrift folgend,
die aus Pflanzen, Tieren, Menschen
besteht, aus dem Zerfall, der
eingeboren ist allem Werden,
aus Steinen und Wellen, den großen
Unternehmungen der Landschaft
und dem Labyrinth, zu dem
jeder Weg werden kann.

Mandelstam

Während du im Zeittunnel arbeitest,
die Worte vor dem Altern bewahren willst,
Ruhe, Angst oder das Nachsehen hast

während du an Kiesel als Schüler
des fließenden Wassers denkst
oder an dein Jahrhundert der Wölfe

an die Flügel der anbrechenden
Nacht und Fieberträume, sprunghaft, bizarr —
höre ich deine Stimme: der Vers sei

gleich dem Schlüssel, der im Schloß kreischt,
gleich dem Frost, der ins Zimmer schießt,
gleich dem Blick auf Verbannung und Tod.

In Grönland

Die Stille versteht sich
mit dem Geräusch des vorbei-

gleitenden Schlittens, den Hunden,
die sich Schnee aus dem Fell schütteln

großen, blendenden Flächen,
die den Raum aufbauen

Lebenden und Toten, die einander
begegnen, berühren

und den Worten des alten Bildhauers,
der mit diebischem Vergnügen

an einem Eisbären arbeitet:
Sein Geist spricht aus dem Stein.

Täglich

Ihr Lächeln und ihre Trauer.
In einem Basar voller Gewürze
und Nüsse, zwischen Männern,
die ihr Geschlecht jetzt ausspielen
und dann wieder nicht,
wiegt sie Pistazien,
Kichererbsen und Zimt ab,
ehe sie am Abend
inmitten der Schatten
von Würgeengeln und Gauklern,
Hetären und Steuereinnehmern
mit ausgebreiteten Armen
nach Haus fliegt, über Bauwerken,
die wie Pfefferbüchsen
überall in der Stadt stehen.

Nachwort

Ich besitze das Buch noch, in dem ich zum ersten Mal auf Verse von Walter Helmut Fritz stieß: eine schmale Anthologie, in der Hans Bender junge Lyriker vorstellte. Und so hieß auch der Band: *Junge Lyrik 1957*. Die meisten Verse der dort präsentierten Autoren fielen auf und wollten auffallen; die Zeilen von Walter Helmut Fritz waren unauffällig und still und blieben dennoch haften. So der Schluß eines seiner Gedichte:

Wir wollen miteinander sprechen. / Es wird Nacht, / und das Schweigen wächst.

Einfache Sätze, spröde rhythmisiert, lakonisch. »Erkenne die Lage!« hatte Gottfried Benn gefordert – Fritz gehörte zu denen, die etwas davon erkannt hatten. Er glorifizierte nicht das Schweigen, die leere weiße Seite; er wußte – mit Hofmannsthal –, daß Reden Menschheit ist, nur konnte und mochte er es nicht so groß, so pathetisch sagen. Er versuchte es möglichst einfach zu sagen: »Wir wollen miteinander reden.« Offen mußte bleiben, ob das immer auch möglich ist. Und so blieben – und bleiben – auch viele seiner Gedichte offen. Sie münden ins Schweigen oder – ins Gespräch. Denn was auf die Stille folgt, steht auf einem anderen Blatt. Steht auf vielen Blättern dieses Gedichtbandes.

Es muß noch einen Augenblick vom Schweigen die Rede sein. Das Schweigen in den Gedichten von Walter Helmut Fritz ist nicht das einst modische Schweigen, mit dem man in den fünfziger und sechziger Jahren in der Lyrik kokettierte. Es ist keine Lyriker-Spezialität (obwohl der Autor auch von der Problematik der Sprache und des lyrischen Handwerks etwas versteht und davon zu reden weiß). Es ist, zunächst, das Schweigen der einfachen Menschen, der Menschen ohne Sprache oder – besser – mit einer Sprachscham, die ihnen das Reden über die großen Dinge verbietet. Der Dichter begegnet ihnen mit Sympathie, er nimmt sie in seine Gedichte hinein, um von ihrer Scheu zu sprechen und ihnen seine Sprache zu leihen: die alte Frau, die fast stumm geworden ist und »liebt was fast stumm ist«; die Bäuerin, deren Mann gestorben ist und die in den Stall geht, »um es den Tieren zu sagen«; oder jene Frau in dem südlichen Land, die wenig spricht und die »Sprache der Maiskolben« kennt. In allen diesen Menschen ist etwas von jener Weisheit, die »der Mann aus China« im Auge hat: »Die Alten sparten ihre Worte, meint er zum Schluß; denn sie schämten sich, mit ihrem Betragen hinter ihren Worten zurückzubleiben.«

Die Beispiele zeigen auch, wie nah diese Menschen einem Weltverständnis sind, das man poetisch nennen darf, wie wenig also der Dichter eine Spezialität ist, die eine Sonderstellung beanspruchen könnte. Denn auch der Dichter versucht ja, wie die Frau mit den Maiskolben, die Sprache der Dinge zu verstehen:

Die Lupinen am Wegrand / sprechen // sprechen /eine der ungezählten Sprachen / neben der unseren
(...)

Der Dichter, ist er nur der bescheidene Übersetzer? Bescheiden schon: denn mit den ungezählten Sprachen der Dinge kann er nicht konkurrieren. Er muß das Unmögliche versuchen – in seiner Sprache, die ihm das Eigentümlichste und Fremdeste zugleich ist. Und wenn er die Möglichkeiten der Sprache umkreist, *seiner* Sprache, dann sind es auch *unsere* sprachlichen Möglichkeiten, unsere Möglichkeiten überhaupt. Denn, nicht wahr, wenn die Dinge eine Sprache haben und sprechen – deutlich sprechen, wie Walter Helmut Fritz meint –, ist dann nicht auch der Umkehrschluß erlaubt: daß wir in der Sprache die Dinge haben oder – vorsichtig gesprochen – etwas über sie erfahren?

Fritz geriert sich nicht als Magier, er ist auch kein Sprach-Experimentierer, kein Sprach-Fetischist. Er glaubt an das Zauberwort, das alles Geheimnis löst. Er vertraut auf die Rede, und die *geht* in Sätzen, bewegt sich auf die Welt zu: »Durch Sätze / sehen wir hinaus« – *hinaus* aus unseren Privatkäfigen, unseren Verhärtungen und Vorurteilen.

Und wenn das so ist, darf der Dichter noch einen Schritt weiter gehen: mit Sätzen erfinden, Bilder, Vorgänge, Welten. Den schönen Nicht-Ort erfinden, die U-Topie: »ein Land, das es nie gab«. Und in diesem »Atlantis« zeugen die erfundenen Dinge, durch den poetischen Hauch inspiriert, gewissermaßen weiter:

Im Hafen / liegen die Schiffe, / die bei jeder Ausfahrt / das Meer hervorbringen.

Wunderbare poetische Ökonomie: es genügt, wenn das Meer zur Stelle ist, wenn die Schiffe fahren. Es genügt, wenn die Welt erscheint, wenn man sie ruft. Der Lyriker – anders als der Epiker – hantiert nicht mit Katalogen aller Dinge. Das Gewicht der Welt hebt er – wenigstens für einen Moment, den Augenblick des Gedichts – auf. Die Schiffe, die das Meer hervorbringen – ein kühnes Bild, aber weit entfernt von schulmäßigem Surrealismus, wie vom Diktat der Phantasie. Das trunkene Schiff ist längst den Fluß der Dichtungsgeschichte hinunter, bestimmte Kühnheiten Rimbauds oder Lautréamonts sind nicht mehr einzuholen oder zu übertreffen. Das kühne Bild bleibt bei Fritz gebunden an die verantwortliche Rede. Und das ist wörtlich gemeint: ver-antwortliche Rede. Rede, die sich verpflichtet weiß; wenn nicht zur Antwort, dann zur Frage, die die Antwort im Leser vorbereitet. Denn auch der Poet – der nur Worte macht, nein: Sätze! – schämt sich, mit seinem Betragen hinter den Worten zurückzubleiben.

Staunen, Fragen ist Anfang der Erkenntnis. Wo wird so oft gefragt wie in den Texten Walter Helmut Fritz'? »Also fragen wir beständig«, kann er Heine zitieren, mit dem er sonst wenig gemein hat, und seine Fragen gegen »diese Vogelscheuche Vergänglichkeit« richten. Gegen ein Phantom, das uns vom Leben abschrecken will. Dabei ist Fritz nicht auf billigen Trost aus. Das Grauen vor der Mechanik des Lebens ist ihm nicht fremd. Angesichts von Marionetten, diesen Spielern »aus Holz und Stoff« kommt ihm der Verdacht, daß alle unsere Erklärungen zu kurz zielen: »Ist das Leben nicht so widersprüchlich, schwer, unerklärbar, daß eine einfache, leichte, wortlose Geste zu seiner Erklärung genügt, war die Frage, die sie mit ihrem Spiel stellten.« Der Dichter ist so weise, die Antwort auf die letzte Frage der Welt nicht zu versuchen. Die Frage gestellt zu haben, muß ihm genügen.

Der Dichter ist kein Guru, kein Prophet, kein Religionsstifter, kein Telefonseelsorger oder Sozialberater. Das Gedicht ist weder Predigt noch Rezept. Es hält einen Augenblick still, doch dann entzieht es sich dem möglichen Zugriff:

Siehst du nicht, / wie es sich rührt, / die Seite verläßt, / schwebt, fliegt / und allmählich / unsichtbar wird, / ehe es sich / in dir niederläßt?

Walter Helmut Fritz hat viele Gedichte geschrieben, die sich im Leser niederlassen. Jeder Lesende wird das eine oder andere finden, das dann zu *seinem* Gedicht wird.

Die Dichtung, die Fritz schreibt, ist, nach seinem eigenen Wort, »Poesie ohne Aufwand«. Keine treffendere Definition ließe sich finden. Aller Kunstaufwand ist getilgt, ist Unauffälligkeit geworden, scheint mühelos. Manche Gedichte scheinen wie Natur, in Worte gebrachte Realität. Leicht ließe sich ihr Kunstcharakter unterschätzen. Gerade diese Arbeiten sind Resultate einer langen geduldigen Kunstübung und eines unablässigen Wahrnehmungstrainings. Man möchte an Morandis lebenslanges Anschauen und Malen seiner Stilleben denken.

Ein Dichter zweifelt an der Sprache, aber er mißtraut ihr nicht. Er kann auch mit den alten Wörtern arbeiten; sie sind ihm nicht zu abgenutzt, wenn sie im rechten Moment kommen:

Alte Wörter, / unverstanden und scheu. // Auf ihrer Rückseite / wird alles neu.

Unversehens stellt sich auch ein altes Kunstmittel ein, der Reim. Fritz verwendet ihn selten und nur, wenn er sich als notwendig erweist. Sonst bleibt er lieber beim Parlando seiner Zeilengedichte oder erweitert seine Poesie zum meditativen Text, zum Traumnotat, zum Prosagedicht. Er zeigt so, daß die Annäherung an die Wirklichkeit, auch wo sie in der Weise der Prosa geschieht, nicht auf Poesie verzichten kann.

Er habe das Glück gehabt, ein ereignisloses Leben zu führen – eine Bemerkung Morandis, die Walter Helmut Fritz einmal zitiert. Vom Glück dieser Fülle sprechen viele seiner Verse. Sie sprechen von der Treue zu sich und zu anderen. Sie sprechen von einem Ort und von dem Versuch »gerecht zu leben versuchen«. Wer von diesem Versuch Zeugnis gibt, hat auch das Recht, sich und uns an alles noch Ungetane zu erinnern: »Noch bleibt fast alles zu tun.«

Harald Hartung

Quellenverzeichnis

Der Verlag dankt dem Verlag Hoffmann und Campe, Hamburg, für die Genehmigung zum Abdruck der Gedichte, die den folgenden Bänden entnommen wurden:

S. 13–S. 14	*Aus der Nähe* © Hoffmann und Campe Verlag, Hamburg, 1972
S. 15	*Die Zuverlässigkeit der Unruhe* © Hoffmann und Campe Verlag, Hamburg, 1966
S. 16–S. 21	*Schwierige Überfahrt*, Gedichte © Hoffmann und Campe Verlag, Hamburg, 1976
S. 22–S. 28	*Sehnsucht* Gedichte und Prosagedichte © Hoffmann und Campe Verlag, Hamburg, 1978
S. 29–S. 30	*Gesammelte Gedichte* © Hoffmann und Campe Verlag, Hamburg, 1979
S. 31–S. 47	*Wunschtraum Alptraum* Gedichte und Prosagedichte, 1979–1981 © Hoffmann und Campe Verlag, Hamburg, 1981
S. 48–S. 89	*Werkzeuge der Freiheit*, Gedichte © Hoffmann und Campe Verlag, Hamburg, 1983
S. 90–S. 132	*Cornelias Traum* und andere Aufzeichnungen © Hoffmann und Campe Verlag, Hamburg, 1985
S. 133–S. 173	*Immer einfacher immer schwieriger* Gedichte und Prosagedichte 1983–1986 © Hoffmann und Campe Verlag, Hamburg, 1987

Die Gedichte ›Lebenslauf‹ (S. 175), ›Annette‹ (S. 176), ›Hans Jürgen Fröhlichs Begräbnis‹ (S. 177), ›In Grönland‹ (S. 180) und ›Täglich‹ (S. 181) wurden zuerst veröffentlicht in: ›Unaufhaltsam‹, Verlag Ulrich Keicher, Warmbronn 1988. Der Abdruck erfolgt mit freundlicher Genehmigung des Autors.

Alphabetisches Verzeichnis der Gedichtüberschriften